Ingeborg-Drewitz-Literaturpreis für Gefangene

Nichts beginnt. Nichts passiert. Nichts endet.

Literatur aus dem deutschen Strafvollzug 2005

Mit einem Geleittext von George Tabori

agenda Belletristik

Der Trägerkreis des Ingeborg-Drewitz-Literaturpreises für Gefangene und zugleich Herausgeber dieses Bandes sind:

- Dokumentationsstelle Gefangenenliteratur der Universität Münster
- Gefangeneninitiative e.V. Dortmund
- Strafvollzugsarchiv der Universität Bremen
- Bundeskonferenz kath. Gefängnisseelsorger Berlin
- Chance e.V. Münster
- Humanistische Union e.V., Landesverband NRW, Essen
- Arbeitskreis kritischer Strafvollzug Münster

Preisverleihung:

5. Juni 2005, 11:30 Uhr, in der Kommende Dortmund, Sozialinstitut des Erzbistums Paderborn

Die Schirmherrschaft des Ingeborg-Drewitz-Literaturpreises übernahm George Tabori.

Ingeborg-Drewitz-Literaturpreis für Gefangene

Nichts beginnt. Nichts passiert. Nichts endet.

Literatur aus dem deutschen Strafvollzug 2005

Mit einem Geleittext von George Tabori

agenda Verlag
Münster
2005

Bibliografische Information der Deutschen Bibliothek

Die Deutsche Bibliothek verzeichnet diese Publikation in
Der Deutschen Nationalbibliografie; detaillierte bibliografische Daten sind im Internet unter http://dnb.ddb.de verfüg-
bar

© 2005 agenda Verlag GmbH & Co. KG
Drubbel 4, D-48153 Münster
Tel. +49-(0)251-799610, Fax +49-(0)251-799519
info@agenda.de, www.agenda.de
Lektorat: Nicola Keßler
Umschlagmotiv: Ursula Jüngst, Nürnberg
Layout, Satz u. Umschlaggestaltung: Frank Hättich
Druck und Bindung: Koninklijke Wöhrmann, Zutphen/NL

ISBN 3-89688-257-0

Inhalt

Anhang

Zum Geleit

Die Herausgeber

Dank an George Tabori

Als wir ihm die Schirmherrschaft des diesjährigen Ingeborg-Drewitz-Literaturpreises für Gefangene antrugen, hat er nicht gezögert. Wir waren darüber glücklich, schätzen wir doch an ihm seine hohe Sensibilität für Menschen am Rande der Gesellschaft und die bohrende und sein gesamtes Werk prägende Frage nach der Schuld und Unschuld in jedem Menschen, nicht nur im Täter.

Gern hätte er ein eigenes Grußwort zu diesem Band verfassen wollen, doch es fehlte ihm – seit Wochen krank – dazu die Kraft. Daher hat er uns in Hochachtung der schriftstellerischen Leistungen der Gefangenen einen Ausschnitt aus seiner Erzählung „Mutters Courage" anstelle eines Geleitworts zur Verfügung gestellt. Es handelt sich dabei um eine auf Wahrheit beruhende Geschichte.

Wir danken ihm dafür sehr herzlich!

George Tabori

Mutters Courage
Erzählung

Mit freundlicher Genehmigung des Verlages Klaus Wagenbach

Eine ganze Weile geschah nichts. Dann trat ein junger Mann, gekrümmt, als habe er sich in die Hosen gemacht, aus der Reihe, um ein paar Mohnblumen zu pflücken, und wurde erschossen. Er fiel zu Boden und starb einen langsamen Tod, nur seine Finger und seine Zehen bewegten sich wie die Beine eines auf dem Rücken liegenden Kakerlaken. Meine Mutter hatte nie erlebt, wie ein Mensch erschossen wurde. Es genügte, um absolute Disziplin wiederherzustellen, nichts mehr von dem Chaos, das am Westbahnhof geherrscht hatte. Aus der Richtung der Lokomotive kam ein Befehl, die Deportierten setzten sich gehorsam in Bewegung, ihre Schritte knirschten auf dem Schotter, vorbei an demselben deutschen Offizier, der zur Abfahrtzeit im Plüschsessel gesessen hatte. Er beobachtete, den Rücken den Reisenden zugewandt, das Beladen des Heuwagens; drei Grünhemden umringten ihn, verblüfft durch sein Interesse am Heu. „Vorwärts, vorwärts!", brüllte einer von ihnen, um seine Tüchtigkeit unter Beweis zu stellen; der Deutsche hob eine behandschuhte Hand, um ihn zum Schweigen zu bringen, es schien ihm daran gelegen, den Frieden des Nachmittags nicht zu stören. Die Deportierten marschierten um die Lokomotive herum, über die Schienen hinweg, vorbei am deutschen Zug – wie durch einen Antrieb, so schien es –, einen Feldweg entlang mit Katen und noch mehr Klatschmohn zu beiden Seiten, bis sie an einem grauen eckigen Gebäude mit einem hohen Schornstein anlangten. Dieses Gebäude schien irgendwie nicht dorthin zu gehören und ruinierte – selbst eine halbe Ruine – die Landschaft; es war eine verlassene Ziegelei, Unkraut und Ziegenköttel überall, leere Fensterhöhlen starrten hinunter auf den offenen, fußballfeldgroßen Innenhof, wo ein an der Kette liegender Hund bellte.

Dieser Hof glich einer Bühne, die in der Hitze des Tages von den drei Grünhemden eingerichtet wurde. Sie stellten einen Tisch und einen Sessel in die Mitte, einen Stapel Akten und einen Gummistapel auf den Tisch. Diese Gegenstände waren so unwirklich, dass sie wie Theaterrequisiten wirkten. Die Grünhemden warteten ungeduldig; einer von ihnen drohte dem Hund und gab ihm schließlich einen Tritt, doch der Hund hörte nicht auf zu bellen. Schließlich machte der deutsche Offizier seinen Auftritt, schlenderte zum Tisch, ohne sich jedoch gleich zu setzen. Sein Publikum war überall, spähte hinunter durch die zerbrochenen Fensterscheiben; die Deportierten, die ihre Kreise durch die leeren Lagerräume und Brennerein gezogen hatten, vorbei an zerfallenen Regalen und Öfen, hatten sich schließlich an den Fenstern versammelt und starrten hinunter in den Hof. Sie wussten, dass ihre Rolle als Zuschauer bald ein Ende haben würde und warteten auf ihren eigenen Auftritt. Der Deutsche setzte sich, nicht ohne Umstand, und zog seine Handschuhe aus – seine Hände waren außergewöhnlich weiß. Er nahm eine Akte auf, einer der Grünhemden wollte ihm etwas erläutern, wurde erneut zum Schweigen gebracht, dann begann der Offizier zu lesen; die Zuschauer wussten, er las in ihrem Leben. Von Zeit zu Zeit sah er auf, als versuche er, ein Gesicht mit einem Namen zu verbinden, aber wie hätte man eine Frau Kraus oder einen Herrn Altschul hinter all den rußigen Spinnweben ausmachen können? Und doch – jedes Mal, wenn er aufblickte, fühlten sich viele wie ertappt und traten vom Fenster zurück.

Meine Mutter stand am Rande des Hofs, einen grausam weiten Weg vom Tisch und dem Sessel in der Mitte entfernt. Sie konnte die Augen von viertausendeinunddreißig Leuten, ihren Leuten, auf sich spüren, sie war ganz allein in der Sonne, sie hatte sich nie einsamer gefühlt, da begann sie loszugehen in ihrem guten Schwarzem und ihrem guten schwarzen Hut mit Wachsblumen an der Krempe, ihren weißen Handschuhen, die am linken Daumen geflickt waren, und presste die Handtasche mit den Pflaumen darin an sich.

Ich habe einiges an Mut erlebt in diesem Krieg, doch muss ich die Courage meiner Mutter preisen, als sie aus der Sicherheit der Nummern heraustrat, sich ausschloss aus der Anonymität, einer von viertausend, vierzigtausend, vier Millionen warmer Leiber zu sein, wir zählten die Toten schon lange nicht mehr, obwohl sie die Erde sprengen könnten. Unter ihnen hatte sie sich sicher gefühlt, mit ihnen war sie in Solidarität verbunden, auch wenn man sie ins Feuer führen würde. Als sie auf den Tisch und den Sessel zuging, wo die drei Grünhemden immer noch um den Deutschen herumschwänzelten, die Rücken ihr zugewandt, war ihr zumute, als habe sie die Banalitäten des Lebens hinter sich gelassen und watschelte nun wie eine Gans direkt in den Tod hinein, der zum ersten Mal so greifbar und stinkend war wie der Ziegendreck unter ihren Schuhen. Achttausendzweiundsechzig Augen folgten ihrem Gang und verdammten ihn, wie sie meinte: sie hatte sie im Stich gelassen, sie war zum Verräter geworden, jeder, der diese Toten überlebt hat, ist ein Verräter. Sie kam sich nackt vor, und ich sehe sie vor mir, wie sie nackt über diesen Hof ging – diese Nacktheit wurde zum Maß ihres Mutes. Wer hätte je meine Mutter in all ihrer Nacktheit gesehen? Nicht einmal ihr Mann, der es vorzog, sie im Dunkeln zu lieben.

Sie war schon mitten auf dem Hof, als der Deutsche sie zwischen den Grünhemden hindurch sich nähern sah. Es stimmt, meine Mutter hätte sich am liebsten verkrochen, unsichtbar gemacht, aber jetzt waren das einzig sichtbare Versteck seine Augen. Mindestens zwei der Grünhemden bemerkten jetzt, dass der Blick des Deutschen in der Ferne hängengeblieben war, und sie drehten sich um. Der kleinste von ihnen, dessen Schnurrbart ihm wie Rotz unter der Nase hing, bellte: „Verdammte Judensau, was hast du hier zu suchen?" Meine Mutter wusste nicht mehr zurück. „Entschuldigen Sie, mein Herr", sagte sie zu dem Deutschen. „Verpiss dich", schrie die Rotznase. „Einen Moment", unterbrach ihn der Deutsche, aber auch das Grünhemd konnte jetzt nicht mehr zurück: sein ganzes Leben lang hatte er Frauen wie meine Mutter anschreien wollen. Sein ganzes Leben hatte er befehlen wollen, jetzt endlich war er in der Lage dazu, und statt dessen musste er sich jetzt von dem Deutschen, der nach Mundwasser roch und niemals seine Stimme hob, Befehle anhören. Inzwischen hatten beide gründlich genug voneinander. „Zurück in die Reihe, oder ich blas dir die Rübe ab!" – „Einen Moment bitte", unterbrach der Deutsche ihn wieder und erhob sich mit Nachdruck. „Wenn hier jemand brüllt, dann bin ich das." – „Die hat hier nichts zu suchen!" – „Das entscheide ich", sagte der Deutsche und zog seine Handschuhe aus. „Was kann ich für Sie tun?", fragte er meine Mutter betont höflich. Ihre Augen, wie durch ein unsichtbares Band miteinander verknüpft, hatten sich noch nicht voneinander gelöst. „Ich sollte gar nicht hier sein", improvisierte meine Mutter, ohne zu wissen wie es weitergehen würde. Das Grünhemd fing an zu kichern, aber der Deutsche blieb höflich wie ein Oberkellner. „Was meinen Sie damit, Sie sollten gar nicht hier sein?" – „Ich habe einen Schutzpass vom Roten Kreuz", antwortete meine Mutter. – „Tatsächlich?", sagte der Deutsche ohne Ironie, während die Grünhemden vor Lachen losprusteten. Rotznase klopfte sich an die Stirn, um anzudeuten, wie absurd diese Ausrede war. Einen Monat zuvor waren fünfhundert dieser Pässe ausgestellt und von der Gestapo anerkannt worden, aber schon gegen Ende der ersten Woche waren einige viertausend Fälschungen im Umlauf und machten die echten Dokumente wertlos. „Der ist gut!" Rotznase brüllte vor Lachen. „Was gibt es da zu lachen?", fragte der Deutsche und das Gelächter erstarb. „Wenn die Dame einen echten Pass hat, hätte man sie nicht festnehmen dürfen!" –„Genau das meine ich, mein Herr", sagte meine Mutter mit mädchenhafter Stimme. „Das werden wir gleich wissen", sagte der Deutsche mit Überzeugung. „Darf ich Ihren Pass mal sehen, gnädige Frau?" In der entstandenen Pause begann meine Mutter zu lächeln, ehrliche kleine Falten erschienen um ihre unvergleichlich blauen Augen. „Mein Herr", sagte sie wie eine Vierzehnjährige, „ich habe ihn nicht bei mir." Rotznase wieherte los und schlug sich dabei auf die Schenkel wie ein Hitlerimitator. „Lassen Sie das!", fuhr ihn der Deutsche an, aber Rotznase konnte seine Posse nicht lassen, und in diesem Tauziehen witterte meine Mutter ihre Rettung. „Aber, gnädige Frau", fuhr der Deutsche mit milder Missbilligung fort, „Sie müssen ihn immer bei sich tragen!" – „ Ich weiß", stimmte meine Mutter zu, „es tut mir sehr leid, aber es war nicht anders zu machen." – „Was meinen Sie damit, es war nicht anders zu machen?", äffte Rotznase sie höhnisch nach. „Es ist nämlich so", vermischte meine Mutter Wahrheit mit Lüge, „mein Mann und ich haben einen Pass zusammen. Heute morgen ging er aus dem Haus und nahm ihn mit. Ich wollte eigentlich zu Hause bleiben, aber dann rief meine Schwester Martha an und sagte, dass es ihr schlecht gehe, sie ist Epileptikerin, und ob ich zu ihr käme. Auf dem Weg zu ihr wurde ich verhaftet." – „Das kann ja jeder sagen", unterbrach Rotznase sie, und jetzt verlor der Deutsche zum ersten Mal die Geduld. „Diese Dame ist nicht jeder. Niemand ist jeder. Jeder ist irgendwer, klar?" – Rotznase fiel die Kinnlade herunter. „Jawohl, klar." Der Deutsche kam um den Tisch herum und sah meiner Mutter wie durch ein Schlüsselloch hindurch eindringlich in die Augen. „Lügst du auch nicht?", fragte er. Die informelle Anrede ließ sie erröten. „Nein", sagte sie. „Weißt du auch", fuhr er fort, „was mit dir geschieht, falls du gelogen hast?" – „Ja", sagte sie und starrte zurück in seine Augen wie durch dasselbe Schlüsselloch; es gab jetzt nur noch diese beiden Augenpaare. Ihr Blick schien ihm zu bedeuten: Mein Sohn, was kannst du mir antun, das schlimmer wäre als mein nackter Gang über diesen Hof? „Also gut", sagte der Deutsche sachlich. „Setzt sie in den Zug", befahl er den Grünhemden, „sie soll zurückfahren in die Stadt." Als sie sie vom Hof begleiteten, rief er ihnen nach: „Und sorgt dafür, dass sie was Warmes zu essen kriegt."

Man brachte sie zurück zum Viehwagen und setzte sie in ein Erster-Klasse-Abteil eines normalen Wagens, der für den Feind reserviert und an die Lokomotive gehängt worden war. Als man sie allein gelassen hatte, begannen ihre Beine zu zittern und sie machte sich das Höschen nass, wagte aber nicht, zur Toilette zu gehen. Sie lehnte den Kopf an das Spitzendeckchen, das über das Kopfteil ihres roten Plüschsitzes gebreitet war. Die Tür wurde aufgerissen, und herein kam ein deutscher Soldat, sehr jung, warum schickt man diese Kinder in den Krieg? Er brachte ihr eine Kohlsuppe und ein Stück Graubrot. Er setzte sich in die Ecke an der Tür und sah ihr beim Essen zu. Kleine Wurststückchen schwammen in der Fettbrühe. Sie hatte die Suppe halb ausgelöffelt, als sie sah, dass der andere Viehwagen, der deutsche, der saubere, in Richtung Auschwitz davonfuhr. Sie konnte keinen der Deportierten sehen, aber sie wusste, sie waren darin, alle ihre Kinder, und sie blickte schuldbewusst hinunter in ihre Suppe und sagte ihnen still Lebewohl, verrückte kleine Ermahnungen hinzufügend, wie es sich gehört für eine jüdische Mutter. „Gebt acht auf euch, ja! Schlaft euch aus und esst genug! Und nicht vom Wasserhahn trinken! Und nicht schlingen! Und vergesst nicht, zu schreiben, Kinder, auch wenn's nur Postkarten sind!" Sagen Sie mal einem toten Kind, es soll Postkarten schreiben! Ihr kamen die Tränen, wie ihr vorher der Urin gekommen war, gegen ihren Willen, und verschleierten ihre unvergleichlich blauen Augen, bevor sie in die deutsche Suppe fielen. „Schmeckt es Ihnen nicht?", fragte der Soldat. „O doch", sagte sie. Nach einer Weile döste sie ein und träumte von ihrem jüngsten Sohn, der in London vor Verhaftungen sicher war.

Als sie aufwachte, sah sie ihren Retter, den deutschen Offizier, sich gegenübersitzen und eine Pflaume glattreiben. „Verzeihen Sie", sagte er, „dass ich an ihrer Tasche war, aber ich hatte Hunger." – „Bedienen Sie sich", sagte sie. Ohne den Hof als Kulisse wirkte er anders, kleiner, normaler. Er hatte seine Kappe abgenommen und seinen kahlen Schädel enthüllt. „Wissen Sie, in der Suppe sind nämlich Wurststücke, das haben Sie doch bemerkt? Ich bin Vegetarier, seit kurzem." Er hauchte die Pflaume an und rieb sie dann an seinem Ärmel. „Nicht nötig, sie sind gewaschen", sagte sie. Er wollte hineinbeißen, besann sich und ließ sie auf seiner weißen Hand auf- und niederhüpfen. „Komisch", sagte er, „aber die Vorstellung, totes Fleisch zu essen, geht mir gegen den Strich." – „Was Sie nicht sagen", bemerkte sie. „Es begann in Hamburg nach einer Feuersbrunst, kennen Sie Hamburg? Eines Tages ging ich in ein Restaurant, und man servierte mir ein Steak mit kunstvoll arrangierter

Beilage, als ich plötzlich erkannte, was es wirklich war, nämlich ein grasendes Kalb, das mich mit großen Augen anglotzte. Wie kann der Mensch so tief sinken, sagte ich zu mir, ein Kalb zu schlachten, es in Stücke zu hacken und dann zu essen?" – „Ja, so kann man es auch sehen", ermutigte sie ihn. Er biss in die Pflaume, hielt wieder inne. „Natürlich könnte man noch viel weiter gehen. Diese Pflaume zum Beispiel – tut es ihr weh, wenn man sie kaut?" Er nahm ein Stück aus dem Mund und betrachtete es. „Ach, das glaub ich nicht", sagte meine Mutter zuversichtlich. „Sie sind sehr gütig", sagte er, biss noch einmal ab und sprach dann mit vollem Mund weiter. „Irgendwo habe ich gelesen, dass selbst Lilien, wenn sie Stimmen hätten, schreien würden, wenn man sie bricht. Manchmal höre ich alle Lilien auf den Feldern schreien und die Kohlköpfe auch. Wie weit muss man gehen, um ein Gerechter vor Gott zu werden?" – „Ein was?", fragte sie. „In dem Dorf, aus dem ich komme, gab es einen Priester", fuhr er fort und kaute auf der Pflaume herum, ohne sie hinunterzuschlucken. „Er war nicht sehr erfolgreich, seine Gemeinde schrumpfte immer mehr zusammen. An manchen Sonntagen lümmelten sich nicht mehr als fünf Leute, zu Tode gelangweilt von seinen Predigten, in den Kirchenbänken. Des Nachts, wenn er nicht schlafen konnte, tröstete er sich: Jesus liebt die Versager, denn er war selber einer, wie es sich gehört für einen Gott – die Verkündung der Liebe ist ein Aufschrei gegen die Eitelkeit, ich meine, gegen Erfolge. Religionen sind auf Misserfolgen gegründet, oder, besser gesagt, da Misserfolge zum Leben gehören, muss man sie sanktionieren. Was mir am Christentum so gefällt, und natürlich auch am Judentum, ist sein Realitätssinn; Misserfolge, ich meine Sünden, werden toleriert, der Mensch in seiner Schwäche akzeptiert, denn was hat er sonst außer diesen Schwächen, obwohl doch die Gebote eigentlich gar nicht so schwer zu befolgen sind, ich meine, was ist so schwierig daran, der Versuchung zu morden zu widerstehen? Finden Sie nicht auch?" – „Doch, sicher", antwortete sie vage; sie hatte keine Ahnung, worauf er hinauswollte, soll er doch schwatzen, dachte sie. „Dann eine Tages", fuhr er fort – die Wangen ausgebeult von der Pflaume -, „gab es einen bösen Vorfall im Dorf, der Tuchhändler, ein Jude, wurde gepackt, nicht von irgendwelchen Rüpeln, sondern von eben jenen fünf Getreuen, die immer noch zur Messe gingen, sie prügelten ihn mit Stöcken zu Tode und verscharrten ihn eilig auf den Rieselfeldern, nur seine Witwe durfte dabei sein, am folgenden Tag aber wurde sein Grab offen gefunden, die Leiche war verschwunden. In derselben Nachte spuckte der Schornstein des Priesters Rauch aus, was deshalb so bemerkenswert war, weil die Haushälterin Ausgang hatte und der Priester – er hatte sehr weiße Hände – nicht kochen konnte, der Kerl war nicht bereit, niedrige Arbeiten zu verrichten. An jenem Sonntag, es war Mariä Himmelfahrt, war die Kirche ziemlich voll, ein Dutzend kleine Mädchen sollten die Kommunion empfangen, sie trugen weiße Spitzenkleider, die nicht lange weiß bleiben sollten. Sobald sie Seinen Leib und Sein Blut empfangen hatten, erbrachen sie sich, aber nicht Brot und Wein, was ihnen gereicht worden war, sondern echte Fleischbrocken und einen Schwall echten Bluts. Statt einer Predigt brüllte der Priester in die Gemeinde: ‚Wenn ihr von Gott essen wollt, dann sollt ihr bei Gott auch von Seinem Fleisch essen und von Seinem Blut trinken, aber vom echten, vom echten!‘ Eine schreckliche Geschichte, nicht wahr?“, entschuldigte er sich. „Nein“, sagte meine Mutter, denn sie hatte begriffen. – Es wurde nur zögernd Nacht, das Licht des Tages verweilte und wollte der Dunkelheit nicht weichen. Als die ersten Lichter der Stadt, die wie goldene Ketten den Fuß säumten, in Sicht kamen, schluckte der Deutsche endlich die Pflaume hinunter. „Wenn wir angekommen sind“, sagte er, „muss ich Sie der Polizei übergeben, damit man Ihren Pass überprüfen kann. Vorher jedoch muss ich noch einmal zur Toilette.“ – „Viel Erfolg“, sagte meine Mutter verlegen. „So wie die Dinge stehen“, fuhr er fort und erhob sich, „werde ich eine Weile dort bleiben, Pflaumen versagen nie, wie Paulus sagen würde. Sollte ich also nicht zurück sein, wenn wir angekommen sind, dann verdrücken sie sich. Christus liegt mir im Darm, wenn sie den Ausdruck entschuldigen.“ Sie sah ihn nie wieder, obwohl sie volle fünf Minuten nach der Ankunft des Zuges auf dem Westbahnhof wartete. Niemand beachtete sie, da nahm sie die Straßenbahn und fuhr zu ihrer Schwester.

15

Helmut H. Koch

Melancholie und Kritik

„Schrei(b) auf" lautete das Motto der Ausschreibung zum Ingeborg-Drewitz-Literaturpreis für Gefangene, der in diesem Jahr zum 6. Mal verliehen wird. Wir wollten die Gefangenen, wie es das Ziel des Ingeborg-Drewitz-Preises ist, ermutigen zu schreiben, auch mit ihren Texten den Weg in die Öffentlichkeit zu wagen. Wir wollten signalisieren, dass es eine Öffentlichkeit gibt, die daran interessiert ist oder dafür interessiert werden könnte, auch wenn die Gefangenen oftmals das begründete Gefühl haben, hinter den Mauern unsichtbar, unhörbar, namenlos gehalten zu werden. Und wir wollten deutlich machen, dass es Sinn macht, eine Sprache zu suchen für das, was tief in der Seele verborgen ist: Leid, Trauer, Schuldgefühle, Zorn und Hass, Sehnsucht, Liebe, vielleicht noch immer Hoffnung. Und dass es gut tut und für die Menschen draußen wichtig ist, die Dinge zu benennen, wie sie sind. Sie nicht zu verdrängen und sich nicht, wie es der Knast Tag und Tag trainiert, hinter einer Maske zu verstecken oder gar zu verlieren: der Maske der Anpassung oder der Maske der Stärke.

Die Zahl der Einsendungen war beachtlich hoch. Wir erhielten weit über tausend Texte von mehr als 200 Gefangenen: Gedichte, Erzählungen, Romane, Berichte, Essays, Tagebuchaufzeichnungen, Gebete, Lieder, Theaterszenen, Briefe. Die Jury, die sich aus Kulturschaffenden von draußen und Gefangenen bzw. ehemaligen Gefangenen zusammensetzt, hat sich bemüht, aus den vielen guten Texten die besten auszusuchen. Maßstab war die literarische Qualität und die oft in ihrer sprachlichen Genauigkeit beeindruckende Authentizität.

Beim Lesen der Texte entstehen vor unseren Augen Bilder vom Innenleben der Gefängnisse und der Gefangenen – Seelenlandschaften. Sie aus dem Blick derer kennen zu lernen, die am genauesten über sich Bescheid wissen, nämlich der Gefangenen selbst, scheint uns sinnvoll. Denn das, was in den Massenmedien über das Gefängnis kolportiert wird und an Bildern in den Köpfen des Publikums sich einnistet, ist zumeist so lückenhaft wie falsch.

Wir wollen hier die Texte nicht im einzelnen kommentieren, die LeserInnen mögen sich ein eigenes Bild machen. Gleichwohl sei ein Aspekt erwähnt, der uns auffiel: der Tonfall der Texte. „Nichts beginnt. Nichts passiert. Nichts endet." (Kenny Berger) Es fehlt gegenüber früheren Jahren der Gestus der spektakulären Aufklärung, des Widerstandes und der Hoffnung auf Umwälzung. Titel wie „Mit Sätzen Mauern eindrücken" (I. Drewitz), die noch vor gut zwei Jahrzehnten programmatischen Charakter hatten, finden sich in den literarischen Knasttexten der Gegenwart nicht. Nicht Aufschrei, nicht Provokation, kein Aufbruch zu überfälligen Veränderungen, vielmehr herrschen leise Töne vor, melancholische Stimmungen, vielleicht ein implizites Mahnen: Vergesst uns nicht, es gibt uns noch. Der Begriff „Kämpfen" begegnet uns wohl, aber im Kontext von Selbstzweifel, Suizidphantasien oder entlarvt als hohle Parole. Wie auch der Begriff „Resozialisierung", immerhin Verfassungsgebot, noch vorkommt, aber begleitet von einem müden Lächeln. Die Gefangenen erleben sie nicht.

Es scheint, dass eine solche Schreibweise die literarische Antwort auf die reale Situation im gegenwärtigen Strafvollzug ist. Die Gefängnisse sind übervoll, längst bietet sich nicht jedem mehr der gesetzliche Anspruch auf ein Mindestmaß an Privatsphäre, Mehrfachbelegungen der Zellen sind nicht die Ausnahme. Die Strafzumessungen werden für gleiche Vergehen zunehmend schärfer, die Gefängnisaufenthalte länger. Das fast schon pathologische Sicherheitsdenken führt zur Reduzierung von Lockerungen und anderen Resozialisierungsmaßnahmen, das Bundesverfassungsgericht sah sich mehrfach genötigt, auf den gesetzlichen Anspruch hinzuweisen. Wo wirklicher Einsatz für mehr Sicherheit gefragt wäre, etwa bei einer professionellen Therapie für Sexualstraftäter, herrscht nach wie vor ein eklatanter Mangel an qualifiziertem Personal. Längst haben verschiedene Bundesländer zu einer fundamentalen Gegenreform angesetzt, indem sie durch eine Novellierung des Strafvollzugsgesetzes das Gebot der Resozialisierung zugunsten einer Stärkung des Sicherheitsdenkens und damit des Verwahrvollzugs relativieren wollen. Eine solche Gegenreform droht um so mehr, als die bisherigen Verhandlungen der Föderalismuskommission vorsehen, den Strafvollzug entgegen den historischen Erfahrungen noch rigoroser der Politik der Landesregierungen zu überantworten. Das Bedenkliche bei all diesen Prozessen ist die Tatsache, dass jede härtere Gangart gegen Gefangene auch unter Verletzung von Verfassungsrechten mit der Unterstützung der Medien und der öffentlichen Meinung rechnen kann. Diese hat sich in den letzten zwei Jahrzehnten beträchtlich gewandelt. Sprach sich in den achtziger Jahren noch eine deutliche Mehrheit der Bevölkerung für den Resozialisierungsgedanken aus, so votieren nun um die achtzig Prozent für mehr Härte im Sinne des Rache- und Sühnedenkens (Wegsperren, Sicherheitsverwahrung, „Rübe ab"), wie eine Umfrage der „Zeit" aus dem Jahr 2002 ergab. Diese öffentliche Stimmung wirkt sich natürlich auf die Psyche der Gefangenen aus.

In einer solchen Situation extremer Marginalisierung und der Verweigerung des Grundrechts auf Menschenwürde hat das Schreiben und Publizieren von Literatur für die Gefangenen wie auch für eine kleine lesende Öffentlichkeit eine besondere Bedeutung. Dies ist erfreulicherweise auch vielen namhaften Schriftstellern und Schriftstellerinnen draußen bewusst, die in Gefängnissen lesen und das Schreiben der Gefangenen unterstützen. Wir haben bei der Suche nach Schirmherrschaften unter den Schriftstellern und Schriftstellerinnen immer offene Ohren gefunden. *Luise Rinser* hatte selbst in den vierziger Jahren im Gefängnis gesessen und auf Zeitungsrändern heimlich ein Tagebuch geschrieben, das sie, als sie in der Nachkriegszeit das Weiterleben des alten Geistes bemerkte, veröffentlicht hat. Drei Jahrzehnte später gab sie eine Anthologie mit Texten weiblicher Gefangener heraus. *Martin Walser* hat bereits in den sechziger Jahre das Schreiben von Gefangenen (Autobiographien) unterstützt. Schreiben sieht er als eine Form des Überlebens und als eine Möglichkeit, die Öffentlichkeit über eine unbekannte, auch den Schriftstellern draußen nicht zugängliche, skandalöse Realität zu informieren. *Birgitta Wolf*, eine weitere Schirmherrin, hat die Briefkorrespondenz mit Gefangenen zu ihrem Lebensinhalt gemacht. 80 000 Briefe lagern in ihrem Archiv in Murnau, wahrscheinlich das umfangreichste Archiv dieser Art in der Welt. Zu ihrem Engagement gehörte auch die Förderung des Schreibens von Gefangenen und die Publikation der literarischen Texte. Auch *George Tabori*, der Schirmherr des diesjährigen Ingeborg-Drewitz-Preises, hat ohne zu zögern seine Unterstützung zugesagt. Wir haben ihn wegen seiner offenen Haltung gegenüber Randgruppen und seinem literarischen Schaffen angesprochen, in dem er immer wieder die Bilder von Opfern und Tätern differenziert und im Opfer den Täter wie auch im Täter das Opfer entdeckt. So spricht er als Jude vom „Hitler in mir": für viele schockierend, für andere befreiend.

Die Problematik hat ihre grundsätzliche Bedeutung in der Gegenwart nicht verloren. Sitzen wirklich die Schuldigen im Gefängnis? Und wer wollte ernsthaft ableugnen, dass auch Gewaltverbrecher ein Stück weit Opfer sein können und die Menschen mit den weißen Kragen voller Gewalt? Wie viel Gewaltpotenzial, so fragen des öfteren Gefangene in ihren Texten, muss in einer Gesellschaft vorhanden sein, dass sie Menschen schlimmer als Tiere wegschließt und ihre gesetzlichen Rechte mit Füßen tritt?

Es ist dies eine Frage, die auch *Ingeborg Drewitz*, die Namensgeberin unseres Preises, immer wieder umtrieb (s. das Nachwort in diesem Band). Ingeborg Drewitz hat sich über Jahre mit dem Strafvollzug beschäftigt, hat die Rechte der Gefangenen eingeklagt, ihr Schreiben, nicht zuletzt das Schreiben weiblicher Gefangener, gefördert und der Gefangenenliteratur öffentliche Foren verschafft. In der ihr eigenen engagierten, gradlinigen Art formulierte sie einmal angesichts der Misere des Strafvollzugs: „Der Strafvollzug wird sich erst ändern, wenn wir uns ändern." Es ist damit auch ein Ziel des Schreibens und Lesens von Gefangenenliteratur angesprochen. Sie ermöglicht nicht nur Einsichten in die Wirklichkeit gegenwärtiger Gefängnisse. So leise sie auch daher kommt, mahnt sie darüber hinaus auch Gespräche an. Mit den Gefangenen. Auch mit und über uns selbst.

Prämierte Texte

Rolf Brandenburg

Der letzte Brief

Das erste Mal sah ich ihn an einem strahlend sonnigen, doch bitterkalten Wintertag, als er – die Arbeitszeit hatte bereits begonnen und wir saßen an unseren Plätzen – von einem Beamten seiner Abteilung in unsere Werkhalle geführt wurde: über 1,90 m groß, muskelbepackt, Hals und Arme mit Tätowierungen übersät, im Gesicht mehrere Narben, das Haar kurzgeschoren, aber keine Glatze, den Mund zu diesem breiten, genüsslichen Grinsen verzogen, das mich später so oft erbittern lassen sollte – imposant, selbstbewusst, siegesgewiss, wie ein Herrscher, der eine neueroberte Provinz inspiziert, so schritt er durch unseren Betrieb. Neugierig zuerst, dann gebannt, folgte ich ihm mit meinen Augen, unfähig, meinen Blick von ihm zu lösen. Doch schließlich wandte ich mein Gesicht ab: Ich kannte diesen Typ von Gefangenen und ich wusste, dass ich nichts mit ihm zu schaffen haben wollte.

Frank Berge, so hieß er, hatte damals bereits sieben Jahre gesessen. Wenige Wochen zuvor hatten die Tschechen, bei denen er nach einem Fluchtversuch zwei Jahre in Auslieferungshaft festgehalten worden war, ihn abgeschoben und er war zu uns, in seine „alte" JVA gebracht worden, um den verbliebenen Rest seiner Haftstrafe abzuleisten. Herr Sperl, der Leiter unserer Werkhalle, hatte mir dies am Vortag mitgeteilt und hinzugefügt:

„Ich setze ihn an Ihren Tisch, Herr Weiss, weil Sie so ruhig und besonnen sind, denn Herr Berge ist in der Vergangenheit häufig durch Gewalttätigkeiten gegen Mithäftlinge aufgefallen. Seien Sie also vorsichtig und provozieren Sie ihn nicht."

Ich hatte genickt. Was sollte ich auch anderes tun, schließlich hatte ich ihm doch nie irgendwelche Schwierigkeiten bereitet und wollte auch zukünftig alle Probleme meiden. Doch wie sollte dies gelingen, wenn Frank sich aggressiv verhielt, wenn er randalierte und sich prügelte – würde ich mich aus all dem heraushalten können? Aber dann hatte ich mich wieder auf meine Arbeit konzentriert, denn mir waren, während ich über diese bedrückende Aussicht gegrübelt hatte, bereits einige Fehler unterlaufen, mir, der sonst nie nachlässig arbeitet, sondern gleichmäßig und zuverlässig wie ein Automat funktioniert.

In unserer Werkhalle „Kleidung und Kosmetik" – in der gesamten JVA werden wir liebevoll „die Kosmetiker" genannt – führen wir sehr verschiedenartige Arbeiten aus. An den großen Tischen mit sechs oder acht Arbeitsplätzen verpacken wir Kosmetikartikel wie Lippenstifte, Deoroller und dergleichen, daneben etikettieren wir billige Schmuckartikel, Armbänder und Halsketten etwa, die nur wenige Euro kosten. Und an drei kleinen Tischen mit jeweils zwei einander gegenüberliegenden Arbeitsplätzen produzieren wir für einen Automobilzulieferer, übrigens ein kleines, für unsere Werkhalle unbedeutendes Geschäft, das wir wohl nur aus Tradition fortführen.

Ich sage „produzieren", doch erlaube ich mir damit schamlos hochzustapeln, denn diese Produktion besteht darin, dass wir auf ein rundes Plastikteil, das an seiner Basis ca. fünf Zentimeter Durchmesser aufweist und nach oben spitz zuläuft, einen Gummiring aufsetzen und so weit nach unten drücken, bis er fest sitzt. An einem dieser drei Tische sitze ich, und früher einmal habe ich gewusst, wie diese Teile heißen und wozu sie im Automobilbau verwendet werden, doch habe ich dies in den mehr als vier Jahren, die ich bereits hier arbeite, vergessen. Es ist bedeutungslos für mich. Wichtig ist einzig, dass ich meine zehntausend Stück am Tag schaffe, einen Karton morgens und einen nachmittags, denn dann falle ich nicht auf und die Beamten lassen mich in Ruhe.

In diesen vier Jahren hat Herr Sperl mich manches Mal gefragt, ob ich an einen anderen Tisch wechseln möchte, um eine interessantere Arbeit auszuüben und ein wenig Abwechslung zu erfahren, doch stets habe ich abgelehnt. Ich liebe meine Arbeit. Anfangs, freilich, habe ich es mir selber schwer gemacht, ich befürchtete, geistig abzustumpfen bei einer so einfachen und gleichförmigen Arbeit, und so habe ich in wechselndem Tempo gearbeitet: schnell, schnell, langsam, schnell, langsam, oder ich habe mich bewusst bemüht nachzudenken. Ich dachte an mein Leben vor meiner Tat, an die Zeit in Untersuchungshaft, mit der Hoffnung und der Angst, ich dachte daran, wie ich in der Hauptverhandlung gedemütigt worden war, daran, wie sich meine Eltern von mir abgewandt hatten, und ganz besonders dachte ich an meine Frau. Diese Gedanken waren die schlimmsten. Damals glaubte ich, die Jahre meiner Haft auf diese Weise für mich nutzen zu können, auch hoffte ich, die Zeit würde schneller vergehen. Doch quälte ich mich nur.

In den Jahren, die folgten, lernte ich mich richtig zu verhalten: Ich arbeite ruhig und gleichmäßig, verdränge alle meine Gedanken und Erinnerungen und bereits fünf Minuten nach Arbeitsbeginn denke ich an überhaupt nichts mehr, in mir herrscht völlige Leere, und so vergehen die jeweils vier Stunden vor und nach dem Mittagessen wie im Fluge. Ich nehme sie nicht mehr wahr. Und das ist gut so.

Abends, wenn wir von der Werkhalle in den Zellenbau zurückgeführt werden, beginnen die Stunden, die mir etwas bedeuten, die Stunden, für die ich lebe: die Stunden, in denen ich frei bin. Hier in der Anstalt muss ich mich um nichts sorgen, mein Essen wird gekocht, meine Wäsche gereinigt, die Post wird mir gebracht. Ich muss nur pünktlich zur Arbeit gehen und darf nicht gegen die Anstaltsordnung verstoßen, dann falle ich nicht auf, kein Beamter nimmt mich wahr, und ich existiere gleichsam nur noch als Gefangenenbuchnummer im Computer der Anstalt, doch nicht in Fleisch und Blut. Nie, niemals würde es mir einfallen, in diesen Stunden dorthin zu gehen, wo sie alle hinströmen: zum Hofgang, zum Sport, zum Basteln – nein, ich gehe auf meine Zelle und lese, lese, lese: klassische und moderne Literatur, Religion und Philosophie und Kunst, alles verschlinge ich, wahllos, unersättlich, gläubig. In diesen Stunden ist mein Geist völlig frei: Wer, wer wollte entscheiden, wer mir vorschreiben, ob ich ihn an diesem Abend über die Boulevards von Bouville schicke, wo die Honoratioren ihre Zylinder lüften, wo der Nebel nach ihm greift und die Gegenstände ihn berühren, ob ich ihn durch das Gebirge streifen lasse, wo alles so eng, so eng ihn bedrückt und auf ihm lastet und ihm ist, als stieße er mit den Händen an den Himmel, oder ob er nicht doch, wie so oft, auch an diesem Abend wieder über die Heide Westjütlands wandert, den Spuren des Vaters folgend, der dort Gott fluchte – wer, wenn nicht ich? Und dort, auf meinen einsamen, lustvollen Wanderungen über die Boulevards und durch die Gebirgsschluchten, dort habe ich ihn gefunden, den Weg, meinen Weg zur einzigen, zur völligen, zur unwiderruflichen Freiheit, den Weg, den ich gehen werde, wenn ich endlich bereit bin.

„Hey, Alter, 'ich grüße dich', habe ich gesagt."

Ich fuhr auf, er stand vor meinem Tisch, mit dem Abteilungsbeamten an seiner Seite, ich hatte sie nicht näherkommen gehört. Ganz benommen suchte ich etwas zu erwidern, doch er ließ mich nicht zu Wort kommen, sondern begann nach einer wohl ironisch gemeinten Verbeugung:

„Gestatten, Frank Berge, Schwerkrimineller, und stolz darauf; verurteilt wegen mehrfachen schweren Banküberfalls, sieben Jahre habe ich bereits hinter mir, davon die letzten beiden in Tschechien nach einem, nun ja, nicht sehr erfolgreichen Ausflug, vor kurzem wieder hier eingefahren, um die letzten drei Jahre abzureißen. Noch Fragen? Ach ja, das solltest du wissen: Wenn mir einer dumm kommt, gebe ich ihm ein paar aufs Maul und dann ist Ruhe."

Wenn er gedacht hatte, er könne mich damit beeindrucken oder gar einschüchtern, so hatte er sich getäuscht. Ich zeigte auf den Karton mit den Plastikteilen und den Gummiringen:

„Das ist dein Arbeitssoll für diesen Vormittag, fünftausend Stück. Die Arbeit ist denkbar einfach: Du nimmst ein Teil, legst einen Ring darauf und drückst ihn fest. Die Ringe müssen stramm sitzen, sonst reklamiert der Kunde die Lieferung. Du kannst mir jederzeit Fragen zur Arbeit stellen, falls du etwas nicht verstehst. Ansonsten lege ich keinen Wert darauf mich mit dir zu unterhalten."

Frank beging gleich einen Fehler, er konnte seine Gefühle nicht für sich behalten:

„Das habe ich ja noch nie erlebt, ich fasse es nicht: Der Herr legt keinen Wert auf eine Unterhaltung mit mir, Mann, was bist du denn für ein Typ? Ausgerechnet mit solch einem Spinner setzen sie mich zusammen. Aber wollen wir doch einmal sehen, ob ich dich nicht zum Sprechen bringe, du arrogantes Schwein."

Innerlich atmete ich auf, ich hatte ihn richtig eingeschätzt. Je mehr er mich anpöbelte, desto leichter würde es mir fallen ihn zu ignorieren. Auf seine Beleidigungen, vorgetragen in dieser typischen Knast-Sprache, die ich so sehr verabscheute, reagierte ich nicht; ich zog meinen Karton heran und fuhr fort mein Pensum abzuarbeiten: Zwei Hände voll Plastikteile herausgreifen, aufstellen, die Gummiringe aufsetzen und festdrücken – fertig. Und weiter. Frank pöbelte immer noch herum:

„Mit solch einem Schwein arbeite ich doch nicht zusammen, keine Stunde bleibe ich an diesem Tisch. Die spinnen doch alle, so eine Drecksarbeit mache ich nicht, ich bin doch nicht asozial."

Ich wurde immer ruhiger, was konnte er schon ausrichten? Bei den Betriebsbeamten konnte er sich nicht über mich beschweren, denn als Denunziant wäre er in der Werkhalle, ja in der gesamten Anstalt geächtet gewesen. Mochte ich auch für einen Spinner gelten: Kein Gefangener schwärzte einen anderen Gefangenen bei den Beamten an, so etwas gab es einfach nicht. Und mich schlagen? Ich würde mich nicht wehren, und eine solch einseitige Aktion konnte ihn wohl kaum befriedigen. Es lohnte sich nicht länger über ihn nachzudenken, ich hatte zu tun. Zwei Hände voll Plastikteile herausgreifen, aufstellen, die Gummiringe aufsetzen und festdrücken – fertig. Und weiter.

Frank tat zunächst überhaupt nichts. Er hatte den Karton bis zum äußersten Rand des Tisches von sich geschoben und sah sich, die Arme auf der Brust verschränkt, in der Werkhalle um. Nur während der Pausen durften wir Kaffee trinken, rauchen oder unseren Platz verlassen, er konnte also im Augenblick nicht mehr tun, als mit dem Fuß zu wippen und sich umzusehen.

Nach einer Dreiviertelstunde kam Herr Lammert, unser zweiter Betriebsbeamter, auf seinem Kontrollgang an unserem Tisch vorbei. Natürlich überblickte er die Situation sofort, er blieb neben Frank stehen und sagte einfach:

„Wenn Sie die Arbeit verweigern wollen, Herr Berge, können Sie mir dies gleich hier sagen. Die Folgen sind Ihnen hoffentlich bewusst: Sie werden aus eigenem Verschulden auf Ihre Zelle geschickt, so dass Sie nicht nur kein Sozialgeld erhalten, sondern auch für Ihre Haftkosten herangezogen werden. Wollen Sie dies vermeiden, sollten Sie bedenken, dass wir, falls Sie Ihr Pensum nicht erreichen, bis zu 100% Ihres Lohnes einbehalten können."

Er wartete einen Augenblick, doch als Frank nicht antwortete, ging er weiter. Nur mühsam gelang es mir, ein triumphierendes Grinsen zu unterdrücken: Sehr gut, ganz trocken hatte er ihn zurechtgewiesen, wahrscheinlich würde ich bereits am Nachmittag mit einem neuen Kollegen zusammenarbeiten.

Doch sollte es nicht so einfach werden. Widerwillig, mit allen Zeichen der Verachtung, begann Frank zu arbeiten, wobei er sich so ungeschickt verhielt, wie alle es tun, die sich zunächst von der Stupidität dieser Arbeit täuschen lassen und glauben, eine derart gleichförmige Tätigkeit würde ihnen viel Freiheit gewähren. So häufte er zwei große Berge Plastikteile und Gummiringe auf den Tisch, ordnete die Teile zu Formationen – Sterne etwa, Kreise und Halbmonde erkannte ich – legte auf alle Teile die Gummiringe und drückte diese zum Abschluss fest, woraufhin er den Stern, den Kreis, den Halbmond zerstörte; und immer wieder legte er Pausen ein. All dies war unsinnig. Der einzige Weg das Pensum zu erfüllen, bestand darin, gleichmäßig und ausdauernd zu arbeiten, und zwar volle vier Stunden für einen Karton. Ich zweifelte nicht daran, dass sie unser Pensum so festgelegt hatten, dass wir den ganzen Tag durcharbeiten mussten, um es zu erfüllen, und ich war dankbar dafür.

Ich sah auch, dass Frank sehr nachlässig arbeitete: Viele der Gummiringe drückte er nicht richtig fest – nun gut, der Kunde würde die Lieferung reklamieren, die Beamten fuchsteufelswild werden und unsere drei Tische jeden Karton der Lieferung nacharbeiten lassen, selbstverständlich, ohne uns für diese Zeit Lohn zu zahlen. Sollte ich Frank dies alles sagen? Aber ich hatte ihn ja bereits darauf hingewiesen gewissenhaft zu arbeiten. Nach der ersten Reklamation würden die Arbeitsbeamten gewiss beginnen ihn sehr sorgfältig zu beobachten, und es würde nicht lange dauern, bis sie ihn von der Arbeit freistellten. Ich erwartete einige interessante Tage.

Die Glocke schellte. Während der Pausen blieb ich fast immer an meinem Platz, ganz selten einmal ging ich zu unserem Vorarbeiter, um einige Worte mit ihm zu wechseln und zu hören, was es in unserer Halle Neues gab. Frank dagegen verließ mit dem Pausensignal fluchtartig seinen Platz, bald sah ich ihn am Nebentisch stehen, wo er mit einigen Kollegen sprach, wild gestikulierte und schließlich auf mich zeigte, woraufhin alle zu lachen begannen. Sollten sie. Mir bedeutete es nichts, dass sie mich für einen Spinner hielten; es gab unter meinen Mitgefangenen in der Werkhalle keinen, mit dem ich über Hans Castorp und Joachim Ziemßen, über Settembrini und Naphta hätte sprechen können. Warum sollte ich mich also für sie interessieren?

In den folgenden Tagen und Wochen änderte sich zwischen Frank und mir nichts: Während der Arbeit saßen wir uns schweigend gegenüber – nicht einmal das obligatorische „Guten Morgen" tauschten wir aus –, in den Pausen suchte er Gesprächspartner an anderen Tischen und nach der Arbeit, im Haupthaus, gingen wir uns aus dem Weg. Dies war einfach, denn unsere Zellen befanden sich in unterschiedlichen Abteilungen und es war uns untersagt, eine „fremde" Station zu betreten, auch versperrte ein Gitter den Zugang zu jeder Abteilung. Und an den allgemeinen Veranstaltungen, am Hofgang etwa oder am Sport, wo ich ihn hätte treffen können, nahm ich nicht teil.

Wie sehr hasste ich dies alles: Mit so vielen, oft ungepflegten Gefangenen in einer Schlange anzustehen, vor der Essensausgabe etwa oder dem Hofgang, dann das Geschrei und die immer spürbare Aggressivität der Häftlinge in den engen, dunklen Gängen, greifbar fast, wenn sie in einer Gruppe vor einem Gitter standen, das Hämmern gegen die Stahltüren, wenn die Zellen für die Nacht zugesperrt waren, die Hilferufe Einzelner, die ihre Angst, ihre Einsamkeit nicht mehr steuern konnten und die doch kein Gehör fanden, das unartikulierte, nicht mehr menschlich scheinende Gebrüll derer schließlich, die „durchdrehten", das mich immer so erschreckte und ängstigte und keinen Schlaf finden ließ. Nein, ich atmete immer auf, wenn ich die Zellentür hinter mir schließen konnte und nichts mehr von dem wahrnahm, was um mich herum geschah.

Und so sah ich Frank außerhalb der Werkhalle fast nie.

Seine Arbeit erledigte er während dieser ersten Zeit sehr nachlässig, so dass sich die Reklamationen unseres Kunden häuften, auch erfüllte er nie das Tagespensum; stattdessen vergeudete er seine Zeit. So sah ich, wie er aus einem alten Filzstift ein Röhrchen bastelte, mit dem er die Gummiringe festdrückte, er erwartete wohl, damit schneller arbeiten zu können, doch nach drei Stunden vergeblichen Experimentierens warf er das Röhrchen in die Ecke. Ein halber Arbeitstag verloren. Ich war mir sicher, dass er in dieser Zeit nie den vollen Lohn erhielt, sondern dass sie ihm von dem einen Euro, den wir je Stunde verdienten, zwanzig oder dreißig Prozent abzogen. Sein monatlicher Einkauf, *die* Gelegenheit für die Gefangenen, sich mit einem prall gefüllten Korb Prestige bei anderen zu verschaffen, musste sehr bescheiden ausfallen, aber dennoch gab er sich keine Mühe. Ich verstand ihn nicht.

Wie ich erwartet hatte, beobachteten unsere Betriebsbeamten ihn bald sehr genau. Frank jedoch schien dies alles nicht zu stören. Ohne sich eines Verfehlens schuldig zu fühlen, sprach er die Beamten an und verwickelte sie in ein Gespräch:

„Guten Morgen, Herr Sperl, schöner Tag heute oder vielleicht doch nicht so schön. Im Haus wird gemunkelt, dass die Zeiten für den Hofgang verkürzt werden sollen, wegen Personalmangel heißt es. Statt drei Stunden pro Tag künftig nur noch zwei, und am Wochenende vormittags keinen Aufschluss mehr. Eine Riesenschweinerei ist das, wenn Sie den Ausdruck entschuldigen."

Herr Sperl zuckte die Achseln:

„Die Gefangenen erzählen viel, wenn der Tag lang ist. Ich sorge mich um meine Werkhalle, mit dem Zellenbau habe ich nichts zu schaffen. Außerdem sind die Hofgangzeiten bei uns sehr großzügig, weil ihr alle Erstmalige seid. Im Regelvollzug gibt es eine Stunde Hofgang am Tag, wie es gesetzlich vorgeschrieben ist, und basta. Euch geht es hier noch viel zu gut."

„Stimmt schon, was Sie sagen, Herr Sperl. Wenn ich lese, was meine Kumpels schreiben, die in anderen Gefängnissen einsitzen, dürfen wir uns hier nicht beklagen. Aber dennoch: Selbst hier werden die Haftbedingungen immer härter, oft durch Kleinigkeiten, die den Beamten vielleicht unbedeutend erscheinen. Denken Sie nur daran, dass nun die Gitter vor jeder Abteilung ständig geschlossen sind. Früher, vor meiner, ich meine vor meinem Ausflug war dies anders: Im ganzen Haus konnten wir uns frei bewegen, in den Hof gehen, einen Kumpel besuchen, wann wir wollten. Ein kleines und doch so wunderbares Stück Freiheit für uns Gefangene. – Dagegen heute: Wenn ich einen Kumpel treffen will, muss ich zweimal betteln – auf meiner und auf seiner Station –, dass mir ausnahmsweise das Gitter aufgesperrt wird. Verstehen Sie nicht, wie entwürdigend, wie demütigend es uns trifft, dass uns auch dieses kleine, letzte Stückchen Freiheit genommen wurde?"

„Das seid ihr Gefangenen doch selber Schuld. Wenn es die Massen-schlägerei vor einem Jahr nicht gegeben hätte, stünden die Gitter heute immer noch offen. Aber ihr habt damit nur gezeigt, dass ihr die – relati-ve – Freiheit, die euch die Anstalt gewährte, nicht zu würdigen wusstet, und da die Anstalt für euch verantwortlich ist, für euch Sorge trägt, musste sie reagieren."

So diskutierten sie, doch ich hörte längst nicht mehr zu, denn sie verstanden nicht, worüber sie wirklich sprachen, sie erkannten nicht die wirklichen Kräfte, die das Los der Gefangenen bestimmen: Jedes Mal, wenn die Leitung die Anstaltsordnung verschärfte, wenn sie die Dauer des Hofganges verkürzte, die Bewegungsfreiheit der Häftlinge ein-schränkte oder auch nur nachts den Strom sperrte, jedes Mal reagierte sie damit – bewusst oder unbewusst – auf etwas, das „draußen", in der Gesellschaft geschah, auf den dramatischen Wandel, der dort eingesetzt hatte und sich nur immer weiter verschärfte.

Die siebziger Jahre waren endgültig vergessen, die Reform des Straf-vollzugs war steckengeblieben, der Gedanke, den Gefangenen während der Haft die Chance zu eröffnen sich zu resozialisieren und wieder ins Leben zurückzufinden, dieser Gedanke war längst verdrängt worden von der allgemeinen Überzeugung, dass die Haft nur zwei Zwecken dienen durfte: Vergeltung und Abschreckung. Der unbescholtene, bie-dere Bürger, der sich seit den großen Terroranschlägen fürchtete, mit dem Flugzeug, mit der Eisenbahn zu reisen, der öffentliche Plätze nur noch zu betreten wagte, wenn Polizisten ihm das trügerische Gefühl des Schutzes vermittelten, dieser Bürger, der längst jede Sicherheit ver-loren hatte, der sich nicht mehr zu helfen wusste und in Gefühlen ge-fangen war, die sich einzugestehen er sich entsetzlich fürchtete, dieser Bürger verlangte unnachsichtige Härte jedem gegenüber, der seine Si-cherheit und sein Wohlbefinden zu gefährden drohte.

Die Medien hatten dies früh erkannt, und in ihrer Gier nach Markt-anteilen, nach Einschaltquoten und Auflagenstärken machten sie sich die Ängste der Bürger zunutze, heizten diese noch weiter an und schür-ten den Hass auf jeden Straftäter: „breaking-news", Live-Berichterstat-tung auf allen Kanälen, Titelstories in übergroßen Lettern – das war ihre Sicht der Welt, die sie tagtäglich, stündlich, minütlich den fassungslosen Bürgern einhämmerten. Je spektakulärer das Geschehen, je höher der Blutzoll, je unschuldiger das Opfer, desto hasserfüllter berichteten sie. Doch lag dem keine Moral zugrunde, sie waren *dankbar*, wenn ein entsetzliches Verbrechen geschah, denn nur mit immer sensationslüsterneren Live-Reportagen über immer abstoßendere, widerwärtigere Ereignisse konnten sie jene Gier befriedigen, die sie selbst erzeugt und die sie stets von neuem angestachelt hatten. Wer konnte sich ihre hämische Genugtuung, ihre skrupellose Freude angesichts der „Show", die ein Kannibalismus-Prozess bieten würde, nicht ausmalen?

Die Medien fragten nicht mehr danach, was in den Tätern vorgegangen war, was sie prägte, was sie in die Verzweiflung und zu ihrer Tat getrieben hatte. Sie interviewten Bürger, die in ihrer Unschuld gar nicht anders konnten, als ihren Abscheu, ihre Furcht zu äußern und die härtesten Strafen zu fordern. Und die um ihre Wiederwahl bangenden Politiker, gleich welcher Partei, griffen diese Ängste bedenkenlos auf, nutzten sie für ihre Zwecke, ja, überboten sich gegenseitig darin, Straftäter öffentlich zu verurteilen, als Aussätzige zu ächten und immer wieder zu fordern, nein, darauf zu drängen, das Strafrecht weiter zu verschärfen. Längere Haftstrafen, härtere Haftbedingungen, „Wegsperren für immer" – konnten solche Parolen überraschen angesichts der Hetze, die die Medien entfesselt hatten, angesichts verantwortungsloser Politiker und angsterfüllter Bürger? – Mir graute vor dieser Welt da draußen, in der ich erst recht ein Gefangener sein würde, und nur ein Gedanke beruhigte mich, ließ mich nachts Schlaf finden: Dass ich nie in diese Welt zurückkehren würde.

Herr Sperl riss mich aus diesen so vertrauten Gedanken, als er Frank gegenüber bemerkte:

„Es erstaunt mich, Herr Berge, dass Sie sich über die Bedingungen hier so erregen – Sie müssen in Tschechien doch viel härtere Zustände erlebt haben." Dies war das Stichwort für Frank und er begann auch sogleich:

„Ja klar, verglichen mit dem Lager in Tschechien ist die Anstalt hier ein Erholungsheim, wobei es auch in Tschechien bessere Gefängnisse geben soll, aber als entflohener Häftling wurde ich in ein Lager der übelsten Art, der sogenannten C-Kategorie eingewiesen. Die ersten sechs Monate hielten sie mich in Isolationshaft, in einer Einzelzelle ohne Tageslicht, nur mit Innenbeleuchtung, die Tag und Nacht brannte, kein Fernsehen, kein Radio, keine Bücher, kein Hofgang, nichts. Ich konnte nichts tun, als die Wände anzustarren, Tag und Nacht die Wände anzustarren, bis ich jedes Gefühl für Zeit, ja für das Leben selbst verlor. Und erst dort, in dieser Einzelzelle, völlig auf mich selbst zurückgeworfen, erst dort lernte ich, nein, begriff ich, was es bedeutet, frei zu sein. Und ich schwor mir, alles, alles zu tun, um wieder in die Freiheit zu gelangen, und sie mir nie wieder nehmen zu lassen, nie wieder. Nach der Einzelhaft erlebte ich etwas bessere Bedingungen, aber es war immer noch menschenunwürdig. Mit sechzehn Mann lagen wir in einer 40qm großen Zelle, die sanitären Anlagen – ein Loch im Boden – waren unbeschreiblich. Ab 4 Uhr morgens durften wir uns nicht im Bett aufhalten, wurden wir doch bei einer überraschenden Zellenkontrolle erwischt oder hatten wir etwa einen Knopf am Hemd offen gelassen, gab es sofort Arrest. Das Vorspiel hierzu bestand oft darin, einen Tag lang „am Haken" zu stehen: Die Hände wurden gefesselt und an einem Haken so weit hochgezogen, dass sich der gesamte Körper in einer dauernden Spannung befand, die bereits nach einer Stunde unerträglich wurde. Und immer wieder trat der Wachhabende zu dir und, nein, er schlug dich nicht – sie sind ja nicht primitiv in diesen Dingen –, sondern er strich dir mit seinem Stock ganz leicht, fast zärtlich über deinen Rücken, und niemand, der es nicht selber erfahren hat, kann sich vorstellen, welch widerwärtigen, bösartigen Schmerz dies verursachte. Und dazu die Gewalt der Gefangenen untereinander. In den Baracken dort führten keine Polizisten die Aufsicht, sondern ein Häftling, gewissermaßen ein Barackenältester, übrigens immer ein Tscheche, der die schwächeren Gefangenen selber prügelte oder es duldete, dass andere Gefangene sie schlugen, wenn sie Lust darauf verspürten. In jeder Baracke und in jeder Zelle bestand eine strenge Hierarchie, die regelte, wer welche Dienste zu verrichten hatte, und für alles musstest du bezahlen, und sei es für das Recht, den Eimer mit den Zigarettenkippen ausleeren zu dürfen – ein kostbares Privileg übrigens, denn aus den Kippen ließ sich immer ein wenig Tabak kratzen. Und wer kein Geld besaß, der verkaufte eben seinen Körper. Szenen habe ich dort beobachtet, unbeschreibliche, nicht nur in der Nacht, nein, auch ganz offen am Tage, Szenen, die ich nie vergessen werde. Gefangene, die bereits fünf oder zehn Jahre oder noch länger in diesem Lager gehalten wurden, und hiervon gab es viele, waren keine Menschen mehr, sie waren entmenschlicht, einzig die primitivsten Instinkte beherrschten sie noch, ein Tier hätte sich genauso verhalten, genauso gelebt wie sie. Aber in diesen zwei Jahren dort wurde ich ein Mann, ein richtiger Mann, denn mir haben sie nichts anhaben können, ich habe nur über sie gelacht – ich bin stolz auf diese Jahre, ich möchte sie nicht mehr missen: Heute weiß ich, was ich aushalten kann, und ich habe vor nichts und niemandem mehr Angst."

Frank verstummte und wir saßen ganz benommen da. Herr Sperl hatte sich längst einen Stuhl herangezogen und fasziniert gelauscht – natürlich wussten wir nicht, ob und wie viel von dem, was Frank uns erzählt hatte, der Wahrheit entsprach und wie viel er erfunden oder hinzugedichtet hatte, aber daran dachten wir nicht. Wir versuchten, uns das Leben und die Verhältnisse in dem tschechischen Lager auszumalen, und an meine Einzelzelle, meine Bücher denkend, fragte ich mich, ob ich diese zwei Jahre wohl überlebt hätte.

Frank selber zerstörte den Eindruck, den seine Erzählung in uns hervorgerufen hatte:

„Was halten Sie von dem Boxkampf kommenden Samstag, Herr Sperl, ich denke, dieser Südafrikaner ist kein wirklicher Gegner für Klitschko?"

Und dann diskutierten sie noch lange über den nächsten Boxkampf, über den Beginn der Formel 1-Saison und den letzten Spieltag der Fußball-Bundesliga. Frank verfolgte all diese Sportereignisse mit leidenschaftlicher Hingabe und zu jedem äußerte er seine Meinung, bestimmt und selbstsicher. Ich dagegen verstand nichts vom Sport, interessierte mich auch nicht dafür, und so schwieg ich.

Die Beamten, Herr Sperl, aber auch Herr Lammert, die früher an meinem Tisch mit einem Kopfnicken vorübergegangen waren, blieben nun häufig stehen und diskutierten mit Frank, der zunehmend kühner wurde und sich kritisch über die Arbeit in unserer Werkhalle äußerte – ein Thema, zu dem ich in den mehr als vier Jahren nie etwas gesagt hatte:

„Wissen Sie, Herr Lammert, diese Arbeit hier widert mich an – das ist doch keine Arbeit für einen Kerl wie mich, den ganzen Tag diese Gummiringe aufsetzen und festdrücken, ich werde geradezu depressiv davon."

Herr Lammert lachte:

„Das glaube ich, Sie rauben lieber Banken aus, das ist eine Arbeit so ganz nach Ihrem Geschmack: Riskant, aufregend und mit hoher Ausbeute bei geringem Einsatz. Aber die Arbeit hier, das soll in erster Linie eine Therapie sein."

Frank wurde misstrauisch:

„Was denn für eine Therapie?" „Nun, Sie sollen lernen, regelmäßig und gewissenhaft zu arbeiten. Ich glaube, das haben Sie, wenn Sie es je gekonnt haben, in Tschechien sicher verlernt. Und eine ordentliche Arbeit soll ja die Basis Ihres Lebens nach der Entlassung sein."

„Sie glauben doch nicht ernsthaft, dass ich später so eine Arbeit ausüben werde, jeden Tag acht Stunden, bis ich völlig abgestumpft bin – nein, da bevorzuge ich das Risiko, selbst wenn es schief geht."

Aber Herr Lammert setzte nur noch immer schmunzelnd seinen Rundgang fort, während Frank murrend die Plastikteile in den Karton warf.

In den Arbeitspausen beobachtete ich ihn, wie er durch die Halle schlenderte, hier mit einem Kollegen einige Worte wechselte, dort sich zu einem Kaffee oder einer Zigarette einladen ließ. Mit Tom vom Nebentisch, einem Bodybuilder, saß er häufiger zusammen, sie sprachen wohl über ihr Training. Bald sah ich, dass Frank nur mit Deutschen redete; sprach ihn einer der ausländischen Gefangenen an, antwortete er abweisend und ging weiter, doch auch unter den Deutschen traf er eine Auswahl, ohne dass ich das Prinzip dahinter verstanden hätte – bis er eines Tages außer sich vor Wut zu Tom stürmte und so laut rief, dass es noch fünf Tische weiter zu hören war:

„Das Schwein, ich schlage das Schwein tot."

„Was ist denn los?"

„Du kennst doch den Elmar, der dort an dem großen Tisch gesessen hat, ein oder zweimal haben wir mit ihm einen Kaffee getrunken. Die ganze Zeit erzählt er uns, er würde wegen Steuerhinterziehung einsitzen, doch heute erfahre ich, dass er auf die Therapieabteilung verlegt worden ist: Er ist ein gottverdammter Kinderschänder. Wenn der mir über den Weg läuft..."

„In einer dunklen Ecke direkt eins aufs Maul, dem Bastard."

„Ich brauche keine dunkle Ecke, ich gebe es ihm auch direkt vor den Beamten. Das sind alles Asoziale und Gestörte, die es nötig haben eine Frau zu vergewaltigen. Aber die, die sich an einem Kind vergreifen, das sind Tiere. Mann, habe ich einen Hass auf die. Oh verdammt, mich ekelt vor mir selber, wenn ich daran denke, dass ich mit diesem Bastard einen Kaffee getrunken habe."

„Wir sollten dieser Abteilung einmal einen Besuch abstatten, die ganzen Tiere zusammentreiben und es ihnen so richtig besorgen – das wäre die richtige Therapie für sie."

„Hey, Alter, das wäre einmal ein richtig guter Tag hier drinnen."

Es hätte mich nicht überraschen sollen, und doch, aus irgendeinem Grund, den ich selber nicht verstand, hatte ich nicht erwartet, dass Frank so sehr den anderen Gefangenen glich, dass auch er eine Gruppe von Häftlingen benötigte, auf die er herabschauen, denen er sich überlegen fühlen und die er verachten konnte.

Zwei Tage später erschien Frank nicht zur Arbeit. Ich hörte mich um und erfuhr, dass er am Abend zuvor nach der Essensausgabe den

Elmar erwischt hatte: Einige schnelle Schläge und Elmar war zusammengeklappt. Frank war dafür zum Strafrapport bestellt worden, eine leichte Aufgabe für seinen Abteilungsleiter, denn Frank gestand nicht nur alles, sondern fügte stolz hinzu, dass er jeden Kinderschänder so behandeln würde. Zehn Tage Arrest und eine Einkaufssperre – das schien mir eine recht milde Strafe. Ich hatte gehofft, er würde auch seinen Arbeitsplatz bei uns verlieren, doch zwei Wochen später saß er mir wieder gegenüber. Breit grinsend schaute er zu mir herüber, er erwartete wohl, ich würde ihn auffordern, mir alles über seine „Heldentat" zu berichten. Natürlich erfüllte ich ihm diesen Wunsch nicht, dennoch sollte ich die Geschichte mehrfach hören, denn viele der Gefangenen aus der Halle kamen zu unserem Tisch, um ihn zu seiner Tat zu beglückwünschen und im Detail zu erfahren, wie sich alles abgespielt hatte. Vor allen anderen war es Tom, der Bodybuilder, der sich Frank anzuschließen suchte. Ich vermute, dass dessen Handeln ihm imponiert hatte. In den Pausen saßen sie nun häufig an unserem Tisch, denn hier konnten die beiden sich ungestört unterhalten; mich übersahen sie dabei völlig, in ihrer Welt zählte ich nicht.

An viele ihrer Gespräche erinnere ich mich noch heute, besonders jedoch an ein langes, das sie führten, als wir auf eine Materiallieferung warteten, denn mit diesem Gespräch begann wohl, was für Frank schließlich so bitter enden sollte. Tom hatte seinen Stuhl mitgebracht und sich an unseren Tisch gesetzt. Wir erwarteten, dass die Pause mindestens eine Stunde dauern würde. Kaum hatte er sich gesetzt, zog Frank mit seinem charakteristischen, triumphierenden Grinsen eine Armbanduhr aus der Tasche:

„Schau her, was ich hier habe. Eine edle Armbanduhr, 'Tissot', das ist eine Schweizer Marke, und hier, schau, du kannst das Gehäuse aufklappen und darunter befindet sich ein Kompass."

„Echt stark, Mann, wie hast du die denn organisiert?"

„Bei mir auf der Abteilung haben wir einen Neuen, ich habe noch nicht viel mit ihm zu tun gehabt, bis er mich vor einer Woche gefragt hat, ob ich ihm Tabak leihen könne. Natürlich habe ich ihm nichts gegeben, doch dann habe ich gedacht: 'Hoppla es dauert ja noch zehn Tage bis zum Einkauf', und so habe ich ihn weiter beobachtet; jeden auf unserer Abteilung hat er angebettelt und angepumpt, völlig hilflos, der Typ. Und ich habe die ganze Zeit gewartet, geduldig habe ich zugesehen, wie er immer nervöser und hektischer wurde, und gestern habe ich zugeschlagen: Drei Tage vor dem Einkauf, ich wusste, jetzt ist seine Verzweiflung am größten, und so bin ich zu ihm hingegangen und habe ihm für zwei Päckchen Tabak die Uhr abgenommen."

„Nur zwei Päckchen? Die Uhr ist doch sicher 200 Euro wert."

Frank grinste noch breiter:

„Denkst du, ich hätte in diesen sieben Jahren nichts gelernt? Das hier ist doch unsere Schule fürs Leben, hier lernen wir, was wirklich zählt. Angewandte Psychologie zum Beispiel: Hätte ich bis heute gewartet, er hätte mir die Uhr vielleicht nicht verkauft. Nur noch zwei Tage bis zum Einkauf, da hätte er vielleicht gedacht, dass er das Rauchen so lange entbehren könne. Aber drei Tage – das war einfach zu viel."

Tom sah ihn bewundernd an:

„Einfach klasse, wie du das Ding gedreht hast. Das musst du den Jungs heute beim Training erzählen – du kommst doch?"

„Natürlich komme ich. Ich muss unbedingt Brust und Bizeps trainieren, beim Bankdrücken habe ich zuletzt nur 120 kg gestemmt, einfach lächerlich."

„Daran ist das Essen hier schuld, damit kannst du keine Muskeln aufbauen. Ich wiege nur noch 83 kg, dabei habe ich draußen 95 kg auf die Waage gebracht. Als wir noch Eiweiß kaufen konnten, ging es uns besser, aber das haben sie nun auch verboten."

„Die Beamten fürchten, dass wir zu stark werden, sie haben Angst vor uns. Schlappschwänze sind sie, die reinsten Mädchen, sollen sie doch selber trainieren. Bald wird es uns hier ergehen wie in Dänemark, wo sie Gefangenen den Kraftsport völlig verboten haben."

Beide schwiegen, in trüben Gedanken versunken.

„Weißt du, was heute Abend im Fernsehen läuft?"

„Ist mir gleichgültig, nach dem Training bin ich fertig. Ich schalte zwar den Fernseher ein, aber unter der Woche zeigen sie kaum Sport; beim Zappen bleibe ich meist bei MTV hängen und schaue mir Videoclips an und nach einer halben Stunde schlafe ich ein."

Wieder saßen sie schweigend da, bis Frank erneut begann:

„Aber das ist alles unwichtig. Gestern haben die mir meinen Antrag auf Ausgang abgelehnt. War ja zu erwarten, aber wie sie es begründen, macht mich verrückt. Hier hör' dir das an: 'Ausgang wird nicht gewährt, da keine vollzugliche Eignung gegeben ist und ausreichende soziale Bindungen nicht bestehen'. So ein Mist."

„Was heißt denn das: keine vollzugliche Eignung?", fragte Tom misstrauisch.

„Ich weiß es doch auch nicht. Ich vermute, sie meinen damit, dass ich geflohen bin und so viele Disziplinarstrafen angesammelt habe. Aber das ist typisch für diese Bürokraten: Nie können sie dir klar sagen, was Sache ist."

„Und was willst du jetzt unternehmen?"

„Ich weiß es nicht, ich weiß es einfach nicht. Der Schrieb da klingt ziemlich endgültig", er trat mit dem Fuß gegen den Tisch, „ich glaube nicht, dass ich noch etwas ändern kann."

„Hast du denn wirklich keine sozialen Kontakte mehr nach draußen, Familie oder irgendeinen alten Kumpel, den du um Hilfe bitten könntest?"

„Du weißt doch, dass ich im Heim aufgewachsen bin, was quatscht du also von Familie – so etwas kenne ich nicht: Familie, ich weiß gar nicht, was das ist. Und Freunde? Nach sieben Jahren Knast bin ich doch tot für die. Ab und zu erhalte ich eine Karte, das ist alles. Mein bester Freund hat inzwischen geheiratet und zwei Kinder – kannst du dir vorstellen: Kinder! Wenn seine Frau erfährt, dass er mir noch manchmal schreibt, macht sie ihm die Hölle heiß. Und sonst habe ich draußen niemanden mehr. – Ich habe mich auch nie darum gekümmert, meine Welt, das was der Knast, hier war ich jemand", fügte er nach einer kurzen Pause hinzu.

„Und die Kumpels, die du in den sieben Jahren hier kennen gelernt hast?"

Eine geringschätzige Handbewegung:

„Die sitzen doch längst wieder, oder sind Sozialhilfeempfänger – von denen kann ich nichts erwarten."

Tom dachte nach:

„Hast du es schon einmal mit einer Kontaktanzeige versucht?"

„Mit einer Kontaktanzeige?"

„Ja klar, du inserierst in einer lokalen Zeitung: 'Knacki kurz vor der Entlassung sucht verständnisvolle Sie für Briefkontakt und – vielleicht – mehr'."

Frank fuhr empört auf:

„Du spinnst wohl: Ich lasse mich doch nicht mit einer Frau ein. Einer Frau kannst du nicht vertrauen, die verrät dich, die lässt dich in dem Moment im Stich, in dem du sie brauchst. Vertrauen kannst du nur einem echten Kumpel, einem Kumpel, der seine Ehre hochhält, so wie du halt."

„Du sollst ihr doch gar nicht vertrauen. Es handelt sich nur darum der Anstalt vorzuspielen, du hättest eine Freundin. Sobald sie dich freilassen, schickst du sie natürlich sofort in die Wüste."

Frank war nicht überzeugt:

„Ich sage dir, Mann, das ist ein merkwürdige Idee, die du mir vor-
schlägst. Mir behagt das nicht."

„Dennoch, überleg es dir. Du hast sonst keine Chance hier heraus-
zukommen und das bedeutet, du sitzt noch über zweieinhalb Jahre."

„Wäre da eine Prostituierte nicht geeigneter – das wäre immerhin
ein richtiges Geschäft: Geld gegen Leistung, damit würde ich mich besser fühlen."

„Ja, bis sie bei der polizeilichen Überprüfung der Besuchs-
genehmigung feststellen, dass deine angebliche Freundin eine Gewerb-
liche ist. Herzlichen Glückwunsch."

In den folgenden Tagen diskutierten sie immer wieder über diese
Frage, bis Frank endlich – widerwillig und ohne an ihren Erfolg zu glauben – seine Annonce aufgab, auf die sich zu seinem und auch zu meinem Erstaunen zwei Frauen meldeten. Frank schwankte einige Zeit
unschlüssig zwischen den beiden, doch schließlich entschied er sich für
diejenige, die ihm häufiger schrieb: Michaela hieß sie, eine Kranken-
schwester, gebürtig aus Ostdeutschland, die bei uns anscheinend keinen
Anschluss gefunden hatte – ihre Arbeitsbedingungen mit häufigen
Nachtschichten mochten dafür verantwortlich sein, dachte ich später,
nachdem ich sie einmal gesehen hatte. Franks Wahl erwies sich bald als
Fehler, den er bitter bereuen sollte, denn sie schrieb ihm, von seinen
Antworten offensichtlich ermutigt, immer häufiger, schließlich täglich.
Und Frank musste notgedrungen auf fast jeden ihrer Briefe antworten,
wollte er sie nicht verärgern. Wann dies der Fall war, konnte er immer
genau erkennen, denn Michaela benutzte verschiedenfarbige Tinten für
ihre Schreiben: schwarz, wenn sie verärgert war, blau stand für einen
neutralen Brief und rot schrieb sie, wenn sie zärtlich für ihn fühlte oder
sich über einen seiner Briefe gefreut hatte. Dies allerdings geschah selten, denn während der vielen Jahre seiner Haft hatte Frank nur wenige
Briefe geschrieben und er hatte nie gelernt seine Gefühle auszudrücken.
Hatte er mehrere Briefe nacheinander in schwarzer Tinte erhalten, lief
er wütend durch die Werkhalle, stritt sich mit Tom und auch an mir ließ
er seinen Ärger aus. Auf die kleinste Bemerkung oder auch nur einen
Blick hin konnte er mich anherrschen, ob ich etwas von ihm wolle, wobei
er mich verächtlich ansah, als wolle er fragen, wie ich es wagen könne
ihn derart zu beleidigen. Nicht dass mir sein Verhalten etwas bedeutet
hätte – ich senkte meinen Blick und ignorierte ihn –, doch überraschte
und verunsicherte es mich stets von neuem, wie schnell er seine Maske
gleichmütiger oder überheblicher Gelassenheit verlor und wie unver-
blümt darunter seine wirklichen Gefühle erschienen.

In diesen Situationen, wenn Michaela sich über ihn geärgert hatte, wusste Frank sich regelmäßig nicht anders zu helfen, als bei einem malerisch begabten Mitgefangenen ein Bild zu bestellen, das er – als sei es von ihm selber gemalt – seinen Briefen beilegte, zähneknirschend, denn es erbitterte ihn, dass er für einen solchen Unsinn bezahlen musste: Ein Päckchen Tabak oder fünf Tafeln Schokolade waren der gängige Preis für eine DIN A4-Zeichnung mit einem einfachen Motiv.

Nach drei Monaten einer solch intensiven Beziehung besuchte Michaela ihn das erste Mal. Für Frank war dies ein aufregender Tag, den ganzen Morgen hindurch hatten ihn die Kollegen vom Nebentisch aufgezogen: „Sie sieht bestimmt wie Miss Piggy aus, warum sollte sie sonst einen Knacki besuchen", und als er von dem Besuch zurückkehrte, bestürmte Tom ihn mit seinen Fragen. Aber Frank blieb souverän:

„Sie sieht gar nicht schlecht aus, schlank, langes blondes Haar, aber klein ist sie, sie reicht mir gerade einmal bis zur Brust."

„Ist doch klasse, da kann sie dir im Stehen einen runterholen. Und danach gibst du ihr einen Tritt und sagst: 'Hau ab'."

Frank grinste:

„Na, erst einmal will ich meinen Spaß mit ihr haben, so wie vorhin. Sie trug ein kurzes Kleid, wir haben uns in die Ecke gesetzt und ich habe ihr die Beine entlanggestrichen bis ganz nach oben. Du hättest hören sollen, wie sie stöhnte."

Das war so ihre Sprache, es widerte mich an, und viel hätte ich gegeben, nicht zuhören zu müssen. Von dem, was er mit Michaela besprochen hatte, berichtete Frank kein Wort, stattdessen überbot er sich mit Tom in obszönen Schilderungen seiner Erfahrungen mit Frauen – ich hörte es und dachte, dass er noch gar nicht so viel erlebt haben konnte, schließlich hatten sie ihn bereits mit Anfang zwanzig eingesperrt.

Vielleicht wäre es zwischen Frank und mir bei dieser gegenseitigen oberflächlichen Abneigung geblieben und vielleicht wäre dann all das nicht geschehen, was Frank in der Folge in die Katastrophe treiben sollte, hätte sich nicht dieser kleine, so unbedeutende Vorfall zugetragen, wenige Wochen nach Michaelas erstem Besuch. Wir Kosmetiker rückten am Nachmittag aus der Werkhalle ins Haupthaus ein, Frank marschierte unmittelbar vor mir, als am Eingang zum Zellenbau unsere Kolonne angehalten wurde und die Beamten der „Sicherheit" erschienen: Es wurde „gefilzt", und zwar nicht nur oberflächlich, wie wir dies häufiger erlebten, sondern drei Gefangene wurden zum „Striptease" ausgewählt, sie durften sich vor den Beamten ausziehen und ihre Kleidung wurde sorgfältig durchsucht. Auch Franks Name wurde aufgerufen. Geschieht ihm recht, dachte ich, die Beamten trauen ihm wohl doch nicht.

Frank antwortete: „Komme sofort" und kniete nieder, als müsse er einen Schnürsenkel zubinden. Als er sich erhob, spürte ich plötzlich, wie er mir etwas in die Hand drückte, mechanisch umklammerte ich den Gegenstand und schob ihn in die Tasche meines Parkas. Erst auf der Zelle wagte ich nachzusehen, was er mir zugesteckt hatte: Es war ein Teppichmesser, wie wir sie im Betrieb benutzten, um Verpackungen zu öffnen. Für das Schmuggeln eines solch „gefährlichen" Gegenstandes hätte Frank sicherlich eine Disziplinarstrafe erhalten. Ich wog das Messer in der Hand und fragte mich, wozu er es wohl hatte benutzen wollen – aber wahrscheinlich hatte er es nur mitgenommen, um vor seinen Freunden mit seinem „Mut" zu prahlen. Am nächsten Morgen, als wir an unserem Tisch saßen, reichte ich ihm wortlos das Messer zurück. Frank sah mich an und sagte:

„Danke, du hast mir echt geholfen."

„Nicht noch einmal", war alles, was ich erwiderte. Er grinste mich an. Später am Vormittag fragte er mich unvermittelt:

„Sag mal, Herr Weiss, weshalb bist du eigentlich hier?"

Ich ärgerte mich, dass er mich – wie immer übrigens – mit „Herr" anredete, wo es doch unter den Gefangenen üblich war, sich zu duzen und mit dem Vornamen anzusprechen, auch dachte ich: Was soll das alles, ein halbes Jahr sitzen wir uns gegenüber und schweigen uns an und nun fragt er mich, weshalb ich sitze. Abblocken, einfach abblocken.

„Keine Sorge, ich bin kein Sexualstraftäter, falls du das meinst."

„Das weiß ich, das habe ich schon längst mit den Beamten abgeklärt, mit wem ich an einem Tisch sitze. Aber im Ernst, so einer wie du, der keiner Fliege etwas zuleide tut, wie kommt der hierher?"

„Betrug – ich war Prokurist in einer kleinen Firma. Mein Chef, der Geschäftsführer, hat einige verwickelte Geschäfte eingefädelt, die ich nicht durchschaut habe, aber ich habe mit unterschrieben. Und das genügte bereits. Niemand hat mir geglaubt, dass ich persönlich an diesen Transaktionen gar nichts verdient habe."

Frank lachte auf:

„Die Unschuld-Story, das kenne ich. Hier sind ja alle unschuldig, viel zu hart bestraft, Opfer eines Justizirrtums. Mann, bin ich froh, dass ich zumindest weiß, dass ich zu Recht hier bin, sie hätten mir auch noch ein paar Jährchen mehr aufbrummen können. Und weiter – wie viel haben sie dir gegeben?"

„Siebeneinhalb – weil der Schaden angeblich so hoch ausgefallen war."

Frank pfiff durch die Zähne und grinste wieder:

„Ordentlich, sehr ordentlich sogar. Du liegst ja fast in meiner Preisklasse."

Was sollte ich darauf antworten, glaubte er etwa, ich sei stolz auf mein Strafmaß?

„Aber du gehst sicher bei Halbstrafe, bei deiner Deliktgruppe und der guten Führung. Wie viel hast du denn bereits hinter dir?"

„Fünf Jahre, sieben Monate."

„Was? Das gibt es doch gar nicht. Als Erstmalige entlassen sie Wirtschaftstäter doch bei Halbstrafe, und du hast ja bereits den Zwei-Drittel-Termin überschritten. Oder bist du vielleicht doch nicht so brav, wie es scheint?"

Er sah mich plötzlich argwöhnisch an.

„Was denkst du denn?"

„Hätte mich auch sehr erstaunt. Aber nun mach es nicht so spannend und erzähl endlich. Ich muss dir ja jeden Wurm einzeln aus der Nase ziehen."

„Es ist ganz einfach: Ich habe keine sozialen Bindungen mehr und ohne die erhältst du nicht einmal Lockerungen, von einer vorzeitigen Entlassung ganz zu schweigen – wo sollte ich auch hingehen? Ich stamme aus einem kleinen Ort im Fränkischen, dort kennt jeder jeden, wenn du am Sonntag nicht in die Kirchen gehst, bist du bereits Tagesgespräch. Damals, die Geschichte, stand groß in unserer lokalen Zeitung, mit Bild und allem, die Nachbarn haben sie interviewt, nur um zu hören, was für ein mieses Schwein ich sei. Bei uns ereignet sich halt nicht viel, und dann war auch noch Sommer, Saure-Gurken-Zeit. Was sie damit alles zerstörten, daran denken diese Schreiberlinge nicht, für sie zählt nur, dass sie eine Story in die Redaktion bringen. Meine Eltern konnten dies alles nicht verkraften, sie sagten mir gleich, dass sie nichts mehr mit mir zu tun haben wollten, wegen der Schande und der Enttäuschung. Die Frau hat mich lange besucht, ein Jahr, anderthalb, aber nach der Verhandlung, nach dem Urteil, hat sie bald einen Anderen kennen gelernt, das Übliche, du kennst das ja." Ich zuckte die Achseln und Frank nickte düster, ich wusste, was er in diesem Augenblick zum Thema Frauen dachte.

„Es war ja auch in Ordnung, sollte ich etwa erwarten oder verlangen, dass sie fünf oder sieben Jahre auf mich wartet? Und sonst habe ich draußen niemanden mehr."

„Du hast also die ganzen Jahre hindurch keinen Besuch gehabt, nichts?"

„Nun ja, alle zwei oder drei Monate besucht mich ein ehrenamtlicher Betreuer, der sich um Langsträfler ohne soziale Kontakte kümmert. Wir haben uns nicht viel zu sagen, aber es ist eine nette Geste."

„Und warum schreibst du deinen Eltern nicht – wenn sie wüssten, wie sehr sie dir helfen könnten freizukommen, würden sie dies sicher tun."

„Auf meine Briefe reagieren sie nicht, nie habe ich eine Antwort erhalten, ich weiß nicht einmal, ob sie sie lesen. Es würde nur helfen, wenn ich sie einmal besuchen und mit ihnen sprechen und ihnen alles erklären könnte, aber dafür müssten sie mich eben zuerst einmal besuchen: Ohne Besuch kein Ausgang, ohne Ausgang kein Besuch – es ist aussichtslos."

„Aber trotzdem musst du doch kämpfen. Nimm dir einen Anwalt, der holt dich hier schon heraus."

„Und wovon soll ich einen Anwalt bezahlen? Alles, was ich besaß, haben sie mir genommen. Nachdem ich strafrechtlich verurteilt war, folgte ein privatrechtliches Verfahren, der angeblichen Schäden wegen, die bei den Geschäften entstanden sein sollen. Als ob ich davon auch nur einen Euro gesehen hätte. Selbst mein Verdienst hier, der eine Euro pro Stunde, wird gepfändet, und wenn ich entlassen werde, bin ich Sozialhilfeempfänger. Ich werde nie mehr auf die Beine kommen – was für ein Leben erwartet mich also draußen? Wahrscheinlich geht es mir hier im Gefängnis sogar noch besser."

„Du bist ja verrückt, du kannst doch nicht einfach aufgeben. Verstehst du denn nicht: Sie nehmen dir hier die Freiheit, das Kostbarste, was du besitzt, das Einzige, das wirklich zählt. Ohne die Freiheit bist du kein wirklicher Mann."

Darauf antwortete ich nicht, ich hatte auch einmal so gedacht, doch das war lange her. Und es erbitterte mich, dass ich in seinen Augen so etwas wie Mitleid gelesen hatte, Mitleid von einem wie ihm. Warum hatte ich mich nur auf dieses Gespräch eingelassen, nun würden mir den ganzen Vormittag die alten Bilder durch den Kopf gehen. Sinnlos, alles so sinnlos. Zwei Hände voll Plastikteile herausgreifen, aufstellen, die Gummiringe aufsetzen und festdrücken – fertig. Und weiter.

Es schellte zur Mittagspause. Tom schlenderte zu unserem Tisch, um Frank abzuholen, ich beeilte mich fertig zu werden. Gespannt, doch nach außen mich unbeteiligt gebend, horchte ich darauf, was Frank sagen würde – aber sie sprachen nur über ihr Training am Nachmittag.

Natürlich, so war es immer. Ich schob meinen Stuhl an den Tisch und folgte ihnen langsam. In den folgenden Tagen sprach Frank mich öfters an, er erzählte von der Serie von Banküberfällen, für die er einsaß, oder von den Haftbedingungen in Tschechien, besonders liebte er es davon zu schwärmen, wie er seine Ehre im Kampf Mann gegen Mann verteidigt hatte – ein unerschöpfliches Thema für ihn, bei dem es ihn auch nicht bekümmerte, dass ich kaum etwas sagte, denn mir war dieses Thema unangenehm, auch fehlte mir jede praktische Erfahrung.

„Einmal hatte wir einen, das war vor meinem Ausflug, der hatte auf Jugend-Fußballturnieren, an denen er als Schiedsrichter und Betreuer teilnahm, kleine Jungen missbraucht und hieß deshalb im ganzen Haus nur der 'Schiedsrichter'. Ich erinnere mich noch ganz genau, wie er im Sommer an einem brütend heißen Tag in einer ganz kurzen roten Hose, ach was, Hose konnte man dies nicht nennen, es war nur ein Stofffetzen, wie er also in diesem kurzen Dingsda im Hof herumlief und so mit dem Hintern wackelte."

Frank war aufgestanden und ließ seine Hüften kreisen, dass ich lachen musste.

„Ja, du lachst, aber ich und die anderen Jungs, wir fanden das gar nicht komisch. Eine ganze Stunde lief er so durch den Hof, wir natürlich hinter ihm her, rot im Gesicht, aber nicht wegen der Temperaturen. Als er dann ins Treppenhaus ging, folgte ich ihm sofort und auf dem ersten Treppenabsatz habe ich ihm eine runtergehauen, er ließ sich gleich fallen, der Feigling, auf dem Boden lag er, wimmernd vor Angst, und das war sein Glück, denn ich schlage keinen, der nicht mehr auf den Füßen steht. Aber du kannst mir glauben: der ist nie mehr so durch den Hof gelaufen."

„Und Beamte – ich meine, hast du schon einmal einen Beamten geschlagen?"

„Nein, bist du verrückt? Wenn du einen Beamten nur berührst, erhältst du 'Nachschlag' und wirst deines Lebens im Knast nicht mehr froh. Alle, jeder mit dem du zu tun hast: Stations- und Arbeitsbeamte, Sozialarbeiter, selbst der Anstaltspfarrer, sie hassen dich, wenn du dich an einem von ihnen vergreifst. Und es ist ja auch nicht notwendig, du kannst ihnen auch einfacher zeigen, dass du die verachtest: Du gehst an ihnen vorüber ohne zu grüßen oder du drehst ihnen demonstrativ den Rücken zu. Ich mache dies immer bei diesen Schwachköpfen auf meiner Abteilung, die uns ausrufen als 'Vollzugsteilnehmer' statt als Gefangene (als ob wir Mädchen wären) oder die mir alle Pflanzen aus der Zelle filzen, weil nur zwei erlaubt sind, oder die..."

Ich winkte ab:

„Es genügt, ich habe verstanden", schließlich wusste ich, dass die Beamten ihn immer dann zur Weißglut trieben, wenn sie streng nach Vorschrift handelten.

„Sage mir lieber, ob du etwas von deinem Ausgang gehört hast – deinen neuen Antrag hast du doch bereits vor drei Wochen gestellt."

„Ja, aber bislang habe ich noch keinen Bescheid erhalten. Ich kann mir auch wirklich nicht vorstellen, dass die Anstalt mir jemals Vollzugslockerungen gewähren wird, so viele Disziplinarstrafen, wie ich auf dem Konto habe, und dazu die Flucht."

„Aber nun hast du Michaela, die dich regelmäßig besucht, dies ändert die gesamte Situation."

„Sicher, für die Anstalt muss es so aussehen, als wäre wirklich etwas zwischen uns – auf dem Antragsformular für den Ausgang habe ich angegeben, sie sei meine Freundin."

„Und sie bedeutet dir wirklich nichts?"

„Natürlich nicht, Frauen sind gut fürs Bett, aber du kannst dich nicht auf sie verlassen. Vertrauen kannst du nur einem echten Kumpel. Nichts für ungut, Herr Weiss, aber dir vertraue ich auch nicht – das hat nichts mit dir persönlich zu tun, aber du bist kein richtiger Kerl. Und Michaela ist eh viel zu brav und anständig für mich. Wenn sie mich kennen würde, richtig kennen, meine ich, so wie ich wirklich bin, würde sie sich sofort von mir abwenden. Aber so weit wird es nicht kommen: Sobald ich entlassen bin, werde ich ihr einen Tritt geben und ‚good-bye, darling' zu ihr sagen."

Dass er all dies so gleichgültig und selbstverständlich aussprechen konnte, ohne irgendwelche Skrupel zu verspüren, empörte mich und so brach ich das Gespräch ab. Um so mehr verblüffte er mich am folgenden Tag, denn bereits als wir in die Halle einrückten, sah er sehr niedergeschlagen aus und so saß er mir auch bei der Arbeit gegenüber. Das passte nicht zu ihm, an dem sonst alle schlechten Nachrichten abzuprallen schienen. Doch ärgerte ich mich immer noch über unser Gespräch vom Vortag und so ließ ich ihn fast bis zur Mittagspause warten, ehe ich ihn aufforderte:

„Na sag schon, was ist los mit dir?"

„Ach nichts besonderes, sie haben mir den zweiten Antrag auf Ausgang abgelehnt."

„Wie haben sie es begründet?"

„Wie gehabt: keine vollzugliche Eignung und keine ausreichende soziale Bindung."

„Das verstehe ich nicht. Du hast doch angegeben, dass Michaela dich abholen wird – wie können sie da schreiben, dass die soziale Bindung zu schwach ist?"

„Ich kann es mir auch nicht erklären. Vielleicht ahnen sie, dass die Beziehung zu ihr nicht echt ist, vielleicht", hier sah er mich drohend an, „vielleicht hat mich auch einer meiner Kollegen verraten."

„Das hättest du selber zu verantworten, so wie du alles herausposaunst – die halbe Werkhalle weiß ja über dein Verhältnis zu Michaela Bescheid."

Ich dachte nach, der Verweis auf die schwache soziale Bindung erschien mir immer noch nicht plausibel.

„Es würde sicher helfen, wenn Michaela persönlich mit deinem Abteilungsleiter sprechen würde, um ihn zu überzeugen, dass eure Beziehung intakt und stark ist."

Frank senkte den Blick, auch dies ein ganz ungewohntes Verhalten.

„Das kommt noch erschwerend hinzu: Mit Michaela läuft es nicht richtig, alle Briefe schreibt sie mir mit schwarzer Tinte", hier musste ich lächeln, denn diese Symbolik der unterschiedlichen Tintenfarben erschien mir immer noch recht komisch. Glücklicherweise sah er mein Gesicht in diesem Augenblick nicht und murmelte:

„Bei ihrem letzten Besuch wirkte sie sehr zurückhaltend, fast unwillig."

„Ist denn zwischen euch etwas vorgefallen?"

„Nein, nichts. Aber du weißt doch, es fällt mir schwer, über Gefühle und solchen Quatsch zu sprechen, und hier erlebe ich auch nichts, worüber ich schreiben könnte. Meine Briefe klingen deshalb wohl recht fade und oberflächlich. Michaela spürt vielleicht auch, dass ich ihr nur etwas vorspiele. Aber am schlimmsten trifft mich diese Schreiberei. Ich hasse Briefe nun einmal. Wenn ich mit einem Menschen spreche, will ich ihm dabei in die Augen schauen können, ich weiß dann gleich, ob er aufrichtig ist oder lügt. Ich *weiß* ganz einfach, woran ich bei ihm bin. Doch bei einem Brief vermag ich das nicht: Wer sich mit dem Schreiben auskennt, kann sich hinter den Worten verstecken, und das hasse ich."

„Warum schickst du ihr nicht wieder ein Bild, das hast du doch schon oft getan?"

„Das geht nicht; den Matthias, der die Bilder gemalt hat, haben sie vor zwei Wochen entlassen."

„Dann suche dir einen anderen, es fällt dir doch leicht, so etwas zu 'organisieren'."

„Ach, ich weiß nicht, das ist alles nicht das Richtige."

Er brütete vor sich hin.

„Du, Herr Weiss, du drückst dich immer so gewählt aus, kannst du mir nicht etwas für sie schreiben, mit Gefühlen und so, du weißt schon?"

Glühende Liebesverse für ihn zu schreiben, mit denen er seine Liebste betörte, verführte, ausgerechnet für ihn, Frank – dieses Bild verlockte mich, schon wollte ich sagen: „Klar, gerne helfe ich dir", doch dann dachte ich an die möglichen Folgen, nein, an die ganze Welt, in die ich mich hineinziehen lassen könnte:

„Nein, nein, das kann ich nicht, du musst dich selber bemühen, lass dir etwas einfallen. – Warum malst du ihr nicht selber ein Bild?"

„Ich und malen? – Das kann ich doch gar nicht, da würde ich mich schön blamieren."

„Dieses Risiko – sich zu blamieren, wie du es nennst – gehört zu einer Beziehung dazu: Du musst dein Innerstes bloßlegen und etwas von dir preisgeben."

Kaum hatte ich dies gesagt, biss ich mir auf die Lippen. Für einen solch „gestelzten" Ausdruck würde Frank mich sicher auslachen, zu gut kannte ich sein breites, süffisantes Grinsen. Ich warf ihm einen schnellen Blick zu, aber er reagierte nicht, immer noch hielt er den Kopf gesenkt, wahrscheinlich hatte er gar nicht zugehört.

Doch zwei Tage später zog er unter seinem Hemd ein Blatt Papier hervor und warf es zu mir herüber:

„Gestern, den ganzen Abend nach dem Einschluss habe ich daran gearbeitet, du wirst sehen, dass es aussichtslos ist."

Ich betrachtete das Bild, eine Zeichnung in DIN A4-Format, mit Buntstift gemalt, es sah wirklich nicht ermutigend aus: Eine düstere Gefängnismauer mit vergitterten Fenstern, zu deren Fuß eine einzelne Blume wuchs, darunter stand in großen, dreidimensional angedeuteten Blockbuchstaben, die fast die Hälfte des Blattes einnahmen: „Mein Herz". Ich gab mir den Anschein, als müsste ich das Bild eingehend betrachten, bevor ich es ihm zurückreichte.

„Für deinen ersten Versuch gar nicht übel. Nur solltest du selber deinem Bild vertrauen: Wenn es aufrichtig ist, wird Michaela sicher verstehen, was du ihr sagen willst, ganz ohne Worte. Und dass du im Gefängnis sitzt, weiß sie bereits, du musst es nicht betonen. Aber die Blume, die ist gut. Versuche einmal eine einzelne Blume, eine Rose etwa, die das ganze Blatt einnimmt, oder wenn dir dies zu schwer erscheint, einen Blumenstrauß, bei dem du nicht so sehr auf die Details achten musst." Doch ich glaubte nicht, dass er ein neues Bild malen würde, und seine Worte schienen es mir zu bestätigen:

„Du siehst doch, dass ich nicht malen kann, und ich habe auch keine Geduld es zu erlernen. Wenn es nicht schnell besser geht, werfe ich die Stifte wieder in die Ecke."

In der Mittagspause stand Tom plötzlich neben uns, neugierig musterte er alles, was auf unserem Tisch lag, aber Frank hatte das Bild bereits wieder in sein Hemd gesteckt und dort behielt er es.

Zwei Wochen später, als ich unser Gespräch längst vergessen hatte, zeigte Frank mir ein neues Bild und diesmal verblüffte er mich vollkommen: Ein Mann, alleine, ganz alleine, an einem felsigen Strand, der Wind wütet durch sein Haar, reißt an seinen Kleidern, der Mann sieht hinaus auf das Meer, das tobende, aufgepeitschte Meer, die Wogen werfen sich brüllend, zornig heran, greifen nach seinen Füßen, vom düsteren Himmel drücken dunkle Wolken drohend auf ihn herab – ein Schauer lief mir über den Rücken, ich verstand, was er sagen wollte. Nur mühsam fand ich Worte:

„Du hast eine seltsame Auffassung von einem Liebesbrief, wenn du ihr dieses Bild beilegen willst, aber dennoch: ich glaube, es ist aufrichtig, das bist wirklich du – schicke es ihr."

Frank wollte das Bild zurücknehmen.

„Nein, warte, ich will es noch einmal in Ruhe betrachten."

Langsam befreite ich mich von dem beklemmenden Eindruck, den das Bild auf mich ausübte, ich sah, dass vieles nachlässig gezeichnet war, manches aufgesetzt, effektheischend wirkte, doch sollte ich ihn dafür kritisieren, ja, es ihm überhaupt sagen? Wusste ich, ob er jemals wieder solch ein Bild würde malen können? Nein, er musste ihr dieses Bild schicken, unbedingt musste er es ihr schicken. Noch am gleichen Tag sandte er Michaela das Blatt zusammen mit einem Brief, in dem er ihr erklärte (ich hatte ihn gedrängt aufrichtig zu sein), dass dies seine erste eigene Zeichnung sei, die anderen habe er „bestellt".

Die folgenden Tage wirkte er merkwürdig gereizt und launisch, ich ließ ihn möglichst in Ruhe und hing meinen eigenen Gedanken nach, wenn ich überhaupt an etwas dachte. Erst eine Woche später erschien er wieder gelöster, er zwinkerte mir zu, und als ich ihn fragend ansah, sagte er so leise, dass ich ihn nur mühsam verstehen konnte:

„Rote Tinte, es wirkt."

In der Folgezeit zeigte er sich beständig guter Laune, doch schien er sich zu verändern, wenn ich auch nicht verstand, was in ihm vorging. Aber manches fiel selbst mir auf. Seine Arbeit erledigte er nun, ohne zu murren und ohne diese „Auszeiten" zu nehmen, mit denen er seinen Widerwillen und seine Verachtung auszudrücken pflegte. Tom besuchte uns oft in der Frühstückspause und fragte, ob Frank nachmittags mitgehen würde zum Kraftsport, doch immer wieder lehnte Frank ab: Er fühle sich nicht gut, müsse eine Weile aussetzen, es ärgere ihn, an den Geräten so lange warten zu müssen, weil der Raum überfüllt sei, und dergleichen mehr. So gut kannte ich ihn inzwischen, um sicher zu sein, dass er log. Aber weshalb?

Die Erklärung fand ich erst, als er mich eines Tages drängte, ihn in der Mittagspause auf seine Zelle zu begleiten. Nur widerstrebend folgte ich ihm, war es uns doch untersagt eine „fremde" Abteilung zu betreten, und so schwitzte ich Wasser und Blut – wäre uns ein Stationsbeamter begegnet, er hätte mir mein schlechtes Gewissen sofort angesehen und uns angehalten, doch wir erreichten unbehelligt Franks Zelle.

Als wir eintraten, stockte mir der Atem: Überall sah ich Zeichnungen – an den Wänden und den Schranktüren, auf dem Bett und dem Schreibtisch, selbst auf dem Fußboden lagen einige Blätter verstreut. Sprachlos starrte ich ihn an, doch er zuckte nur die Achseln:

„Es ist über mich gekommen, nein, es hat mich überfallen – ich kann es nicht erklären. Seit du mir aufgegeben hast diese verdammte Blume zu zeichnen, drängt sich Bild auf Bild mir auf, ein Motiv steht vor meinen Augen quälend, beängstigend, ich fürchte mich vor dem, was ich dort sehe, und dann *muss* ich es sofort malen, ich kann nicht anders – nur so kann ich diese Pein bannen."

Er stockte, rang die Hände, als suche er sich von etwas zu befreien, dass ihn bedrückte, ihn ängstigte, auf ihm lastete.

Ich sah mich um und versuchte, etwas Ordnung in das Durcheinander zu bringen, eine Systematik zu finden, doch dies war unmöglich. Ein Mann an einem steilen Berghang, auf allen Vieren, völlig erschöpft, mit letzter Kraft müht er sich nach oben zu klettern, um ihn herum zucken Blitze vom Himmel, dichter, schwerer Regen prasselt nieder, der Mann ist nackt. Zwei Boxer im Ring, die Gesichter gezeichnet von tiefen Wunden, blutend, die Körper schweißüberströmt, hinter ihrer Deckung belauern sie sich, suchen die Chance für den Schlag, den einen Schlag, der alles entscheidet. In eine Ecke gedrückt, ein Kind (ein Junge?), die Arme schützend über den Kopf haltend, der Körper verkrümmt, unnatürlich zusammengeschoben, vor ihm ein Berg aus Fleisch und Wut, eine Faust um einen Ledergürtel, zum Schlag erhoben. Eine grüne Wiese im hellen Sonnenlicht, blumenübersät, kräftige gelbe, rote, blaue Farben, ein Mann und eine Frau, in weißen, luftigen Kleidern, sie sitzen im Gras, halten sich an den Händen, auf der linken Brust des Mannes ein großer, dunkler, roter Fleck (Blut? Eine Wunde?). Stundenlang hätte

ich mir die Bilder betrachten können, über jedes einzelne hätte ich nachdenken, mit ihm sprechen mögen, doch wohin ich blickte, sah ich neue
Motive, neue faszinierende Bilder. Ich wagte erst gar nicht, auf das Bett
zu schauen, wo unzählige Blätter nebeneinander, übereinander lagen.
Und dazu die Porträts: Ich erkannte Tom (mehrfach), Herrn Sperl, einige Stationsbeamte, den Küchenbeamten mit den markanten Gesichts-
zügen, schließlich – leider nicht sehr schmeichelhaft – mich selber. Ich
konnte nicht glauben, wie sehr er die Gesichter getroffen hatte, wie natürlich und lebensecht sie mich ansahen, zu mir sprachen. Welche Fort-
schritte er in seiner Kunst erreicht hatte und in welch kurzer Zeit! Wie
hatte er all dies schaffen können, woher strömten ihm die Einfälle zu,
woher nahm er die Motive? Ratlos trat ich an seinen Schreibtisch, um
mir den Stoß Bilder anzusehen, die dort lagen, das mussten seine neuesten
Zeichnungen sein, doch Frank trat hastig dazwischen:

„Nein, nein, das sind nur Entwürfe. Wir müssen jetzt gehen, es läu-
tet gleich zum Arbeitsbeginn. Und dass wir uns richtig verstehen: Kein
Wort hierüber zu niemandem – sie lachen mich sonst aus."

Ganz benommen nickte ich und folgte ihm in die Werkhalle. Den
ganzen Nachmittag sah ich nur seine Bilder vor mir und fragte mich:
Wie macht er das, woher nimmt er dies alles? Und warum hat er sie mir
gezeigt? Aber das waren nur zwei der vielen Fragen, auf die ich keine
Antwort fand.

Michaela besuchte ihn in dieser Zeit regelmäßig zweimal im Monat
und bei einem dieser Termine sah ich sie, das erste und das einzige Mal.
Zufällig erhielt ich an demselben Tag Besuch, und während ich dem
langweiligen Gerede meines ehrenamtlichen Betreuers mit einem halben Ohr lauschte, hatte ich viel Muße, sie und Frank zu beobachten, sie
saßen zwei Tische entfernt von mir. Michaela war eine junge, sehr zier-
liche Frau, sie reichte Frank wirklich nur bis zur Brust. Ihr langes, blondes Haar, das sie offen trug, umrahmte ein Gesicht, das mit seinen her-
vortretenden Wangenknochen, seiner schmalen, leicht gebogenen Nase
und den vollen Lippen fast „klassisch" zu nennen war. Während des
gesamten Besuchs hielt sie sich sehr aufrecht, es schien mir, als röteten
sich ihre Wangen im Gespräch ein wenig – viel hätte ich gegeben, die
Farbe ihrer Augen zu sehen, aber dafür saß ich doch zu weit entfernt.
Frank hatte einige seiner Bilder mitgebracht – später erzählte er mir,
dass es ihn endlose Diskussionen mit dem Aufsichtsbeamten gekostet
hatte, bis er sie mitnehmen durfte –, die sie gemeinsam ansahen. Erstaunt sah ich, wie engagiert und lebhaft Michaela jedes einzelne Bild
mit ihm besprach. Schließlich schoben sie die Blätter beiseite und rede-

ten miteinander. Ich konnte nicht sehen, dass sie auch nur einmal gelacht hätte. Ab und zu streichelte sie seine Hand oder seinen Unterarm, und als sie bei Besuchsende aufstanden und er sie kurz umarmte und dann ihre Hände hielt und sie zu ihm aufschaute, da glaubte ich für einen Augenblick zu verstehen, was diese beiden Menschen zueinander zog.

Bald danach sprach Michaela mit Franks Abteilungsleiter, es muss ein sehr intensives und bewegendes Gespräch gewesen sein, denn Frank berichtete mir euphorisch, was Michaela ihm über diesen Termin geschrieben hatte:

„Er will mir noch einmal eine Chance geben, schreibt sie, drei Monate soll ich mich nun bewähren, keine Schlägereien, keine Disziplinarverfahren, und dann will er mir Lockerungen geben: Ausgang, später Urlaub, und wenn ich mich hierbei gut führe, wird er vielleicht sogar meine vorzeitige Entlassung befürworten, zwanzig Monate vor der Endstrafe läge dieser Termin. Kannst du dir das vorstellen: Nach fast acht Jahren im Knast erlebt Frank Berge zum ersten Mal wieder die Freiheit (die fünf Tage auf Flucht zähle ich nicht, denn dabei verspürte ich ja nur Hektik und Angst)? – Es ist unglaublich."

Für mich begann nun eine schwere Zeit, den ganzen Tag über sprudelte es aus Frank heraus, in allen Einzelheiten malte er sich den Ausgang aus, den ersten Urlaub, die erste Nacht mit Michaela (hier verzichtete er gottlob auf die Details). Sogar für die Zeit nach der Entlassung schmiedete er bereits Pläne:

„Michaela lebt in einer kleinen Wohnung, dort werden wir erst einmal bleiben und ich werde mir irgendeine Arbeit suchen. Michaela glaubt, dass ich mit meinem grafischen Talent Internet-Seiten gestalten könnte, sie hat da wohl Kontakte. Aber mir ist dies gleichgültig, ich würde auch am Fließband oder als Müllmann arbeiten, wenn ich nur wieder frei wäre. Frei!"

Ich sah ihn zweifelnd an, dass er eine regelmäßige Arbeit lange durchhalten würde, erschien mir fragwürdig, ich dachte daran, wie undiszipliniert er an unserem Tisch gearbeitet hatte.

„Du hast doch Talent im Zeichnen und Malen, warum willst du nicht Malerei oder etwas ähnliches studieren?"

Frank kugelte sich vor Lachen.

„Ich und studieren – Herr Weiss, du bedenkst nicht, mit wem du redest. Ich habe ja nicht einmal die Hauptschule abgeschlossen, nach der achten Klasse hatte ich genug, dann stieg Frank Berge ein ins richtige Leben. Nie wieder ein Buch, habe ich mir geschworen, und zum

Malen brauche ich eure Bücher nicht." Er spürte wohl, dass es mir nicht leicht fallen konnte, seine ungestümen Ausbrüche mitanzuhören, und so versuchte er mich mitzureißen.

„Hör mal, Herr Weiss, warum beantragst du nicht erneut Ausgang? Wenn sie so jemandem wie mir Lockerungen gewähren, müssen sie dich sofort entlassen."

Müde winkte ich ab:

„Lass mal, ich weiß, du meinst es gut. Aber alles was du mit Michaela erleben willst, liegt bereits hinter mir. Und ich weiß, welches Leben draußen auf mich wartet, es kann mich nicht mehr reizen."

Schon wollte ich ihm sagen, dass auch ich bald frei sein würde, vollkommen frei, in einer anderen, einer besseren Welt, und dass ich der letzte Mensch sei, um den er sich zu sorgen brauche, doch biss ich mir auf die Lippen: Sicher hätte er gegrinst, breit, genüsslich, mitleidig, wenn er nicht sogar offen gelacht hätte.

Doch ja näher der magische Termin des ersten Ausgangs rückte, desto euphorischer gebärdete sich Frank, er konnte seine Freude, seine Ungeduld und seine Erwartung nicht für sich behalten, alles musste heraus. Und dies wurde schließlich wohl sein Verhängnis. Es war ja in Ordnung, wenn er mich mit seinen Ausbrüchen nervte, doch dabei beließ er es nicht. Jedem, der es hören wollte, erzählte er wieder und wieder, was er draußen alles unternehmen, wie er kämpfen, wie sehr er die Freiheit genießen werde. Die Betriebsbeamten begannen unseren Tisch zu meiden, und viele der Kosmetiker zeigten hinter seinem Rücken einen Vogel oder lachten ihn offen aus, wenn er wieder einmal von seiner Zukunft als Bandarbeiter schwärmte. Und auch sein bester Freund, Tom, der selber keine Lockerungen erhalten würde, da er es abgelehnt hatte sein Delikt aufzuarbeiten, wurde zunächst immer mürrischer, wenn er Franks Zukunftsplänen zuhören sollte, und bald begann sich Wut in ihm aufzustauen: Wut auf die Anstalt mit ihren unsinnigen Vorschriften, Wut auf sein verpfuschtes Leben, Wut auf Frank, der sich nur noch um sich selber kümmerte und ihn, Tom, im Stich ließ. Und diese Wut musste sich entladen. Ich sah es kommen, aber wie hätte ich es verhindern sollen?

Zwei Tage vor Franks erstem Ausgang, während der Frühstückspause, trat Tom an unseren Tisch – ich konnte ihm ansehen, dass er mit einer bestimmten Absicht zu uns gekommen war.

„Hey Alter, ich wollte hören, ob du heute zum Training kommst. Die Jungs meinen alle, es wäre an der Zeit, dass du dich wieder einmal bei uns blicken lässt."

„Heute geht es nicht, ich muss einen Brief schreiben."

„Ich scheiß auf deinen Brief, du lügst. Ich habe mit ein paar Jungs von deiner Abteilung gesprochen und die sagen, du würdest nur noch auf deiner Zelle hocken und irgendwelche scheiß Bilder malen."

Nun war Frank hellwach, so durfte niemand mit ihm sprechen.

„Lass das meine Sorge sein, was ich auf meiner Zelle mache."

„Du hast wohl alles vergessen, was du selber einmal gesagt hast: 'Echte Kerle halten zusammen, echte Kerle geben sich nicht mit Frauen ab. Alle für einen, einer für alle'. Und was machst du jetzt? Wie ein Mädchen sitzt du auf deiner Zelle und kleckst herum. Wenn die Kumpels dich sehen wollen, sagst du", hier ließ er seine Stimme mädchenhaft klingen: „Ich bin verhindert, ich muss einen Brief schreiben'. Weißt du, was ich glaube", er legte eine kurze Pause ein, „ich glaube, deine Alte hat ein Mädchen aus dir gemacht, du bist ein gottverdammtes Mädchen geworden, wie dein lieber Herr Weiss dort drüben."

Frank schluckte, beherrschte sich aber, obwohl es ihn hart treffen musste, mit jemandem wie mir verglichen zu werden. Doch was folgte, war auch für ihn zu viel.

„Ein paar von den Jungs gehen nächste Woche auf Ausgang, sie haben die Adresse von deiner Alten, war gar nicht schwer an die heranzukommen – ihr schreibt euch ja jeden Tag –, und ich habe ihnen gesagt, sie sollen ihr einen Besuch abstatten und es ihr einmal so richtig besorgen, so wie wir es deiner Mutter besorgen ..."

„Du Schwein!"

Mit einem Wutschrei war Frank aufgesprungen und hatte sich auf Tom gestürzt, der jedoch ein anderer Gegner war als Elmar oder jener „Schiedsrichter": Geschickt unterlief er Franks Schläge und klammerte ihn mit beiden Armen – er suchte den Nahkampf, um Franks Größenvorteil auszugleichen. Ineinander verkeilt rangen sie miteinander, wütend, verbissen, jeder suchte dem anderen ein Bein zu stellen, ihn zu Boden zu drücken. Sie stießen gegen Arbeitstische, Stühle stürzten um, Material flog durch die Luft, die beiden wälzten sich auf dem Boden. An den Tischen waren alle aufgesprungen und herbeigelaufen, sie johlten begeistert, ein solches Schauspiel bot immer eine willkommene Abwechslung. Ich dagegen spürte nur Angst und Entsetzen – ich wollte mich in eine Ecke zurückziehen, nichts von der Gewalt sehen, und konnte mich doch nicht rühren, konnte meine Augen doch nicht von den Kämpfenden lösen, etwas Anderes, Neues fühlte ich.

Plötzlich erschienen unsere Beamten, auch die „Sicherheit" eilte herbei, sie warfen sich auf Frank und Tom, schnell trennten sie die beiden, fesselten sie und führten sie ab, ohne sich damit aufzuhalten, sie zu Ursache und Hergang der Schlägerei zu befragen. Immer noch starrte ich gebannt auf die Szene, Frank hatte nur einige Schrammen davongetragen, doch Tom sah übel aus. Am Nachmittag, als wir längst wieder alles aufgeräumt hatten, als alle an ihren Tischen saßen und vorgaben zu arbeiten und doch nur über die Schlägerei sprachen, erschienen die Beamten der „Sicherheit", um Zeugenaussagen aufzunehmen. Ich betonte, wie sehr Tom Frank provoziert hatte, doch wusste ich, dass ich mich vergebens bemühte: Zu eindeutig stellte sich der Sachverhalt dar und entsprechend unnachsichtig sollte die Strafe ausfallen. Da sie sich am Arbeitsplatz geprügelt hatten, verloren beide ihren Job, beide erhielten drei Wochen Arrest und Frank wurden die zugesagten Lockerungen widerrufen. Er würde nun bis zur Endstrafe, die vollen zehn Jahre, im Gefängnis bleiben.

Bereits am Tag nach der Schlägerei erhielt ich einen neuen Kollegen, der, wie ich bald erfuhr, wegen „bandenmäßiger Kinderpornographie im Internet" einsaß. Er wollte sich vor mir brüsten, welches Unrecht ihm zugefügt worden sei, schließlich habe er ja nie eines der Kinder angefasst, geschweige denn missbraucht –, doch ich sagte nur:

„Halts Maul, halt' einfach dein dreckiges Maul", und sprach danach kein Wort mehr mit ihm.

Frank sah ich in den folgenden Wochen nur, wenn er morgens beim Hofgang alleine seine Runden drehte, doch war es mir nicht erlaubt mit ihm zu sprechen. Erst als er aus dem Arrest entlassen wurde, konnte ich ihn auf seiner Zelle besuchen. Abends, als die Gitter kurz für diejenigen Gefangenen geöffnet wurden, die an Freizeitveranstaltungen teilnahmen, betrat ich einfach Franks Abteilung, an einem Beamten vorbei, der wohl durch mein zielstrebiges Auftreten zu sehr verunsichert wurde, um mich aufzuhalten. Als ich an Franks Zellentür klopfte, antwortete er nicht, dennoch trat ich ein. Er lag auf dem Bett, die Hände hinter dem Kopf verschränkt, und starrte auf einen Punkt an der Decke.

„Hallo, ich wollte sehen, wie es dir geht", begann ich und ließ meine Stimme unbekümmert klingen.

„Dann musst du dich beeilen, ich gehe nämlich gleich zum Kraftsport."

Eine plumpe Lüge, denn die Gitter waren längst wieder geschlossen, aber ich nahm ihm seine Ausflucht nicht übel. Ich schaute mich in seiner Zelle um, alles war peinlich aufgeräumt und sauber, nirgends sah ich Bilder, Skizzen, oder auch nur Entwürfe, lediglich an der Bilderleiste hingen einige Blätter, immer das gleiche Motiv: Das Porträt *ihres* Gesichtes. Dies mussten die „Entwürfe" sein, die zu sehen er mir damals verwehrt hatte. Ich trat näher und betrachtete eines der Porträts, das mir besonders gelungen schien: Wieder verblüffte es mich, wie lebendig und lebensecht er sie gezeichnet hatte und dies alles in dieser kurzen Zeit, diesen wenigen Wochen.

„Das ist gut, wirklich gut – aber sonst? Du malst nicht?"

„Nein, ich habe es aufgegeben."

Immer noch lag er in derselben Haltung auf dem Bett. Ich zog mir den Stuhl heran und setzte mich.

„Klingt ziemlich schwach für mich – ich dachte, es hätte dir mehr bedeutet."

„Wenn du gekommen bist, um mir Vorwürfe zu machen, kannst du gleich wieder gehen. Außerdem ist jetzt sowieso alles gleichgültig."

„Das sehe ich anders. Wenn sich alles ein wenig beruhigt hat, können wir gemeinsam mit deinem Abteilungsleiter sprechen. Und Michaela kann sich ..."

„Ha, Michaela, gerade die ..."

„Wieso, was heißt das?"

„Die feine Michaela will mich nicht mehr sehen."

„Das glaube ich nicht – du lügst."

„Du glaubst es nicht? Ich lüge, sagst du?"

Frank sprang von seinem Bett, riss die Schranktür auf und begann in einem Karton zu wühlen.

„Du glaubst es nicht? Ich werde es dir beweisen. Die vornehme Dame hat mir einen Brief geschrieben: Sie ist enttäuscht, sie will mich nicht sehen, sie braucht Zeit. – Verdammt, ich finde ihn nicht, irgendwo hier muss er doch sein. Aber so seid ihr feinen Leute eben, mit eurer Ausbildung, eurer Sprache, euren vollendeten Manieren. Da schreibt ihr eben Briefe, statt Farbe zu bekennen und es mir ins Gesicht zu sagen."

Ich hatte mich zur Tür zurückgezogen, solche Gefühlsausbrüche erschreckten mich. Ich verstand nicht, warum er nicht in Ruhe mit mir über alles sprechen konnte.

„Nun beruhige dich erst einmal. Du musst doch verstehen, dass sie enttäuscht ist, aber das wird vergehen. Und selbst wenn du bis zur Endstrafe bleibst, wirst du in gut zwei Jahren entlassen, und ich bin mir sicher, sie wird auf dich warten. Und gemeinsam mit ihr stehen dir alle Chancen offen ein neues Leben zu beginnen."

„Alle Chancen, neues Leben – wenn ich das nur höre. Einen Dreck habe ich. Wenn ich rauskomme, bin ich 31, davon habe ich zehn Jahre im Knast gesessen. Verstehst du? Ein Drittel meines lausigen Lebens im Knast. Alle Chancen – wer gibt denn einem wie mir eine Chance? Die sehen doch alle nur dasselbe: Schule abgebrochen, keine Ausbildung, Banküberfälle, Gefängnis, lausige Führung. Keiner fragt danach, was für ein Schicksal, was für ein Mensch dahinter steht. Keiner fragt danach, was es heißt, ohne Familie im Heim aufzuwachsen, wo du erfährst, brutal, unbarmherzig, gnadenlos erfährst, dass Wärme, Geborgenheit, Liebe nicht existieren und auch nichts bedeuten, wo du lernst, dass sich immer der Stärkere durchsetzt, immer der Stärkere gewinnt, und du nur ein Ziel kennst: selber stark zu werden. Keiner fragt danach, was es heißt, einen Traum zu haben, einen Traum von einem richtigen, einem coolen Leben, für das du nur eben Kohle brauchst. Und woher nimmt einer wie ich schon Kohle? Also planst du mit ein paar Kumpels, denen es ebenso dreckig geht wie dir selbst, das große Ding. Es gelingt, viel einfacher, als du gedacht hattest, es gelingt, und mit einem Schlag fühlst du dich stark, fühlst du dich mächtig, fast wie im Rausch, und du vergisst alle Hemmungen und alle Vorsicht. Wer, glaubst du, fragt danach, was es heißt, mit 21 in einem Jugendknast zu sitzen mit der Aussicht auf zehn Jahre hinter Gittern – zehn Jahre, das ist so unendlich lang, das ist ein ganzes Leben, das ist mehr als ein Leben. Wenn du rauskommst, ist dein Leben vorüber, denkst du, dann bist du schon jenseits der Dreißig, aus, vorbei. Und du begreifst, dass der Knast dein Leben ist, dass seine Gesetze von nun an dein Dasein beherrschen, und du lernst, wie du dich behauptest, wie du deinen Respekt und Achtung gewinnst, wie du deine Ehre Mann gegen Mann verteidigst, und du willst vergessen, dass noch ein anderes Leben existiert, draußen, in dem diese Gesetze nicht gelten. Und dennoch träumst du immer nur von diesem anderen Leben, träumst du dort draußen zu sein, wo dir keiner vorschreibt, wie du dich zu verhalten und zu benehmen hast, wo dir keiner befiehlt dich vor ihm auszuziehen, wenn die Lust in ihm zu mächtig wird, wo dich keiner demütigen darf, weil er seiner eigenen Komplexe nicht mehr Herr wird – wo du endlich wieder ein Mann bist, ein richtiger Mann, frei und unabhängig. Und die erste Chance, die sich dir bietet, nutzt du und fliehst. Natürlich ist es reine Dummheit, natürlich spüren sie dich sofort auf. Und sie stecken dich in dieses Lager, wo du kein Mensch mehr bist, wo sie diese dünne Schicht ‘Mensch’ in dir zerstören, mühelos, als hätte sie nie etwas bedeutet, nie Substanz gehabt, und wo sie ein Tier aus dir machen. Ich bin noch einmal davon gekommen, aber kein halbes Jahr länger und sie hätten auch mich zerbrochen – zerbrochen wie ein dürres Stück Holz, das zwischen deinen Händen zersplittert. In meinen Träumen lebe ich immer noch in diesem Lager, spüre ich immer noch den Schrecken und die Verzweiflung und die Angst, immer von neuem diese Angst, die so tief in mir steckt. – Und dann kommst du hierher, ohne noch irgend etwas zu erwarten, nur Ruhe und Frieden suchst du und etwas geschieht, woran du nie geglaubt, womit du nie gerechnet hättest: Du entdeckst, dass du nicht nur ein Stück Dreck, ein Klumpen Aussatz bist, sondern dass es etwas gibt, was du gut machst, wofür du begabt bist, was deinem Leben Sinn vermittelt – verstehst du? Sinn. Was dir Wert verleiht. – Und ein Mensch tritt hinzu, ein Mensch, so völlig anders als die, die du in deinem ganzen verdammten Leben kennen gelernt hast, so rein, so aufrichtig, so vertrauensvoll, und zum ersten Mal vergisst du dich selbst, willst du für einen anderen Menschen alles geben.

Aber dann, gerade noch rechtzeitig, deinem Gott, an den ich nicht glaube, sei Dank, gerade noch rechtzeitig erinnerst du dich, wer du bist, erinnerst dich, dass dies alles nur ein Traum ist, ein Phantasie, ein Märchen mit Happy End, wie es in Büchern geschieht, aber nicht in der Wirklichkeit, nicht hier im Knast, nicht hier in diesem Leben. Du begreifst (doch längst schon wusstest du es), dass es für dich diesen Traum, diese Zukunft nicht gibt, sondern nur diesen einen Weg, den Weg, der dir vorbestimmt war, den Weg, den du dich dein ganzes gottverlassenes Leben entlanggekämpft hast und der nur immer weiter nach unten, in den Abgrund, in die Stille und in die Verzweiflung führt. Und du denkst: Jetzt will ich doch einmal sehen, was dieses Leben aushält, was ich aushalte, was sie aushält, wollen doch mal sehen, was geschieht, wenn es beginnt weh zu tun. Und siehe da: Kaum geht es los, kaum beginnt der Schmerz, da endet die Romantik, da wacht sie auf, da erschrickt sie: Mein Gott, mit wem habe ich mich eingelassen? Und schon zuckt sie zurück, und sie hat Recht, tausend Mal hat sie Recht – mit einem wie mir soll sie, nein, darf sie nichts zu tun haben."

Er hatte wie im Fieber, wie im Rausch gesprochen; gebannt, entsetzt hing ich an seinen Lippen. Er starrte mich an, ich musste etwas sagen, unbedingt musste ich etwas sagen, um dieser unerträglichen Spannung Herr zu werden.

„Das ist Wahnsinn, was du da sagst, Wahnsinn und Einbildung und Selbstmitleid. Anstatt zu kämpfen, zum ersten Mal in deinem Leben für etwas Richtiges und Gutes und Schönes zu kämpfen – statt für deine lausige 'Ehre' –, anstatt zu kämpfen, sagst du: 'Da erinnere ich mich, wer ich bin, mit wem sie es zu tun hat.' Das ist schwach, Frank, das überzeugt nicht, das ist Phantasie und Selbstmitleid und sonst nichts. Und es ist auch nicht wahr, du lügst dir selber etwas vor, du *willst* dir etwas vorlügen."

„Ach, halt du doch das Maul. Kämpfen, kämpfen – du kämpfst doch selber nicht, du Weichei, du sitzt da und beklagst dich über dein Leben, aber hast du auch nur einmal eine Hand gerührt, um etwas zu verändern? – Nein, du kümmerst dich um nichts, strengst dich nicht an, du sitzt da und liest deine Bücher und versinkst im Selbstmitleid. Kämpfe doch erst einmal für dich selber, dann kannst du mir kluge Vorträge halten. – Michaela und du, ihr würdet gut zueinander passen, ihr seid von derselben Art, ich kann dir ja einen Briefkontakt zu ihr vermitteln, die Adresse muss ich hier irgendwo noch haben. Willst du? Du kannst ihr nette, gefühlvolle Briefe schreiben, und ihr könnt euch austauschen, wie enttäuscht ihr von mir seid, von mir war nichts anderes zu erwarten, das wusstet ihr beide sicher von Anfang an. – Und wenn ihr irgendwann einmal genug voneinander haben solltet, wenn ihr einmal handeln müsst, statt immer nur zu reden und zu schreiben, wenn es also gefährlich wird, wenn es beginnt weh zu tun, wenn der Schmerz beginnt, dann könnt ihr euch ja in einem gepflegten Brief 'Lebewohl' und 'Es tut mir leid' schreiben, ohne Gefahr, euch gegenüber zu sitzen, euch in die Augen zu schauen und euch selber zu erkennen. – Warte, hier habe ich den Brief, hier, siehst du, da steht ihre Adresse. Willst du? Ich gebe sie dir. – Und hier, nimm auch das", er riss das Porträt von der Wand, dasjenige, das ich so sehr bewundert hatte, riss es von der Wand, knüllte es zusammen und warf es mir vor die Füße:

„Willst du? Ich schenke sie dir – da hast du sie."

Ich hatte genug, offensichtlich war mit ihm nicht zu reden und seine Ausfälle und Beleidigungen brauchte ich mir nicht gefallen lassen.

„Ich gehe jetzt, aber ich komme morgen oder übermorgen wieder, vielleicht können wir dann vernünftig miteinander reden. Aber eines muss ich noch wissen: In welcher Farbe hat sie dir geschrieben, den letzten Brief, meine ich?"

„Was heißt das: in welcher Farbe?"

„Du weißt schon, die Tinte – sie benutzte doch verschiedene Farben."

Verwirrt zog er den Brief aus dem Umschlag, faltete ihn auseinander. Ich sah, dass er in Rot geschrieben war, mehr brauchte ich nicht zu wissen.

Ich verabschiedete mich, doch er hörte mich bereits nicht mehr. Er stand dort, mitten in seiner Zelle, starrte auf den Brief in seiner Hand und nahm nichts von dem wahr, was um ihn herum geschah. Heute, wenn ich an all dies zurückdenke und an das, was am folgenden Tag sich ereignete, heute denke ich, dass ich diese letzte Frage nicht hätte stellen dürfen. Oft erwache ich mitten in der Nacht, mit einem Ruck fahre ich aus dem Schlaf auf, schweißgebadet; ich weiß, dann habe ich von ihm geträumt, denn immer brennt dieses eine Bild in mir: Wie er dort mitten in seiner Zelle stand und auf den Brief starrte.

Noch am gleichen Abend schrieb ich einen Antrag, um mit Franks Abteilungsleiter zu sprechen: Ich musste ihm alles erklären, musste ihm deutlich machen, dass Frank ein Zeichen brauchte, ein Zeichen, dass nicht alles verloren sei – doch es war bereits zu spät.

Was am folgenden Tag geschah, habe ich von Herrn Sperl erfahren. Es ist natürlich auch unter den Gefangenen viel darüber gesprochen worden, aber diesem Gerede konnte ich nicht trauen. Herr Sperl also erzählte mir, dass Frank am folgenden Morgen, als die arbeitenden Gefangenen bereits in die Betriebe ausgerückt waren, anscheinend ohne einen konkreten Anlass das Dienstzimmer seiner Abteilung betreten hatte, in dem sich zu dieser Zeit zwei Beamte aufhielten.

Mit diesen begann er ein Gespräch, in dessen Verlauf er sich immer ausfälliger äußerte und die Beamten beleidigte. Als diese ihn des Zimmers verwiesen und drohten ihn anzuzeigen, geriet Frank so in Wut, dass er sich auf den ihm am nächsten sitzenden Beamten stürzte und ihn zusammenschlug. Der zweite Beamte hatte sofort den Hausalarm ausgelöst, doch dauerte es wohl zwei oder drei Minuten, bis die Beamten der anderen Abteilung herbeigeeilt waren, und in dieser Zeit hatte Frank wild um sich geschlagen und wahllos auf alles, was ihm unter die Hände geriet, eingeprügelt. Sie brauchten eine Menge Beamte, um ihn zu überwältigen, eine ganze Menge.

Wenn es nicht Herr Sperl gewesen wäre, der mir dies alles erzählte, ich hätte es nicht geglaubt – so unmotiviert, so sinnlos erschien mir das Ganze, es sah Frank so gar nicht ähnlich – aber konnte ich mir wirklich sicher sein?

Herr Sperl berichtete mir auch, dass der Stationsbeamte innere Verletzungen erlitten habe, dass dieser Angriff vor Gericht gebracht und Frank hierfür „Nachschlag", also eine zusätzliche Haftstrafe, erhalten werde. Auch werde er in ein Hochsicherheitsgefängnis verlegt, wo er die nächste Zeit – Monate, Jahre, wer konnte das wissen? – in Einzelhaft verbringen müsste, und es werde geprüft, ob für ihn nachträgliche Sicherheitsverwahrung beantragt werden solle – dann würde er nie mehr frei kommen. Hätte Herr Sperl hinzugefügt, dass ihm dies alles „leid tue", weil Frank doch ein „guter Junge" gewesen sei – ich weiß nicht, was mit mir geschehen wäre, was ich getan hätte. Aber er winkte nur ab, als er ging, wegwerfend, geringschätzig winkte er ab – Frank hatte Recht behalten: In solch einem Fall hielten sie alle zusammen.

Einige Tage später, an einem nasskalten, stürmischen Spätsommermorgen, der den nahenden Herbst ankündigte – mir graute vor dem Fußmarsch im Freien zur Werkhalle –, sah ich Frank zum letzten Mal. Wir Kosmetiker warteten im Hauptgebäude am Gitter, um von unseren Betriebsbeamten zur Arbeit abgeholt zu werden, als er, in Handschellen und eskortiert von drei Beamten der „Sicherheit", aus dem Keller trat, in dem sich die Arrestzellen befanden. Meine Mitgefangenen begrüßten ihn lautstark und riefen ihm begeistert zu, wie sehr sie seine „Tat" bewunderten, und viele klatschten Beifall. Aber Frank ging an ihnen vorüber, als sähe er sie nicht, seine Augen suchten mich. Als er mich entdeckt hatte – ich stand ziemlich weit hinten in unserer Gruppe –, nickte er mir zu, zeigte ein zurückhaltendes, fast scheues Lächeln und hob, mühsam in den Handschellen, die rechte Hand zum Gruß. In einem Impuls wollte ich seinen Gruß erwidern, aber dann ließ ich meine Hand doch in der Manteltasche, drehte meinen Körper zur Seite und wandte mein Gesicht ab, als er an mir vorübergeführt wurde.

Helmut Pammler

Passiv

Du wirst verhaftet,
du wirst verurteilt,
sie kleiden dich ein,
die Zelle wird dir zugewiesen,
zum Arzt wirst du vorgeführt,
dein Geld wird verwaltet,
deine Wäsche wird gewaschen,
dein Essen wird gekocht,
zum Duschen wirst du geholt,
deine Post wird zensiert,
deine Zelle gefilzt,
dein Leben verwaltet,
dein Urin kontrolliert,
deine Fingerabdrücke werden gespeichert,
deine Gene analysiert...
Am Ende wirst du vor die Tür gesetzt.
Zur Aktivität verdammt.

Thorsten Dülks

Sammy regt sich auf

„Heute ist Freitag, der neunzehnte März Zweitausendvier und es ist einen Tag her, dass du zum Besuch hier warst. Ich wollte an diesem Wochenende eigentlich an meiner Geschichte arbeiten, so wie wir es besprochen haben. Aber, ja, irgendwie finde ich immer eine Kleinigkeit, die ich hier noch machen muss auf meinen acht Quadratmetern. Einen Aktenordner, den ich noch reorganisieren möchte. Eine Sache, die ich dringend sauber machen muss. Oder ich nutze jede Gelegenheit, die Sammy mir gibt, wenn er mich anfliegt. Ich werde dir auch noch am Wochenende schreiben und hoffe, dass du Montag da bist zum Besuch. Ich habe zwar schon am Mittwoch und Donnerstag ein bisschen geübt, aber die Sache gefällt mir im Moment noch gar nicht mit dem Tonband hier.

Ich finde die Sätze ganz schön abgehackt, und wenn ich einen Satz nicht zu Ende bringe, finde ich die Pausentaste nicht schnell genug. Deshalb klingt alles so stockend und verwirrt. Ich finde auch, dass hier ganz mächtige Hintergrundgeräusche sind. Das Rauschen bei der Wiedergabe ist schon sehr heftig. Ich hoffe, wenn du dies in deinem Walkman oder über eine Anlage hörst, dann klingt es besser als auf diesem kleinen Sony Recorder. Ich habe auch keine Ahnung, wie ich jemals eine Kassette hier voll sprechen soll. Ich werde sie dir zwar am Montag an der Pforte hinterlegen, aber wie viele Minuten ich dann darauf gesprochen habe übers Wochenende – keine Ahnung.

Ich denke, unser erstes Band werden wir unter Verschluss halten, bis ich mir sicher bin, alle Funktionen dieses Geräts so nutzen zu können, dass du Spaß daran haben wirst, die Bänder abzuhören.

An dem Knacken hörst du, dass ich jetzt eine kleine Pause gemacht

60

habe, um mich ein bisschen zu sammeln. Die Sache ist die: Wenn ich hier aufs Tonband spreche, muss ich meine Gedanken vorher sehr sorgfältig ordnen, um überhaupt ganze Sätze zusammen zu bekommen. Ich dachte, es wäre viel einfacher als schreiben. Im Reden merke ich, welche Vorteile das Schreiben hat. Da kann ich wieder und wieder die letzten Sätze noch einmal anschauen und dann taucht fast immer eine Anknüpfung an den letzten Satz auf. Dieser kleine schwarze Apparat frisst spurlos alles Gesagte und ich finde im Moment noch nicht den Faden. Obwohl doch, wie du von deinen Besuchen weißt, die mündliche Rede nicht meine schwächste Seite ist. Aber da fehlt mir jetzt im Moment ein Gegenüber.

Ich hoffe, dich stört's nicht, wenn hier auf dem Band zeitliche Sprünge sind. Du weißt ja, ich bekomme das Band immer kurz vor Einschluss und heute, am Freitag, ist um neunzehn Uhr Einschluss. Ich wollte eigentlich erst anfangen dir zu schreiben. Weil ich doch auf meinem Schreibtisch immer noch einen Brief von dir habe, den ich beantworten möchte. Den Brief vom 13. Januar – oh Schreck! Da hast du mir ein Gedicht geschickt: „The Second Coming". „Turning and turning in the widening gyre, the falcon cannot hear the falconer." Bist du nicht ein bisschen wie mein Falke, der so weite Kreise zieht, dass er meine Stimme nicht mehr hören kann? „Things fall apart. The centre cannot hold." Das kann man von einem Falkner hinter Gittern wohl kaum erwarten. Allerdings hättest du erwarten können, dass ich einen Brief vom dreizehnten Januar vor dem neunzehnten März beantworte. Fliegst du deshalb so weite Kreise? Sie huop sich ûf vil hôhe und vlouc in anderiu lant...

Es ist jetzt kurz nach zehn und ich habe gerade im Videotext nachgelesen, dass mein Fußballverein, Rot-Weiß Essen, in Wattenscheid nur nullnull geschafft hat, also unentschieden. Das sieht gar nicht gut aus für den Aufstieg. Aber das Fernsehen zeigt ja Fußball erst ab der zweiten Liga. So werde ich wohl die nächsten Jahre meinen Fußballverein noch nicht live sehen können. Jetzt aber schnell weg vom Fußball. Der interessiert dich sowieso nicht. Ich werde dir am Montag das Buch geben, das mit der Korrespondenz zwischen einem Gefangenen und seiner Betreuerin. Ich hab da ganz viele Markierungen reingeklebt und denke darüber nach, ob ich die Markierungen noch klein beschrifte. Da sind so viele Sachen, über die ich schon nachgedacht habe und du auch.

Wir haben jetzt schon weit nach dreiundzwanzig Uhr und ich möchte heute mal was machen, was ich eigentlich noch nie gemacht habe: ich werde jetzt schlafen gehen und dir gute Nacht wünschen!

Guten Morgen, Leah! Wir haben heute Samstag, und es ist gerade mal sieben Uhr dreißig. Ich habe zwar frei, aber ich habe mir den Wecker gestellt, um den Start der Formel I zu sehen. Das interessiert dich natürlich auch wieder gar nicht, ich denke mal, genauso wenig wie Fußball, aber wenn du hier so den ganzen Tag nur fernsiehst, sind natürlich solche Live- Ereignisse ganz besonders spannend. So, Michael Schumacher hat jetzt die pole-position bei der Quali und wir haben mittlerweile kurz von neun. F., I. und ich sind zum Frühstück verabredet. Ich glaub, F. hat schon Kaffee gemacht und I. hat ein paar Eier gekocht. So hab ich das Glück, dass ich mich einfach nur an den Tisch zu setzen brauche, der fertig gedeckt ist. Bestimmt hast du auch schon gefrühstückt, obwohl ich mir auch vorstellen kann, dass du am Wochenende mal ausschläfst.

Mit meiner Erkältung geht es noch nicht besser. Ich habe einen Schnupfen, Kopfschmerzen und schon bald keine Taschentücher mehr und nicht mal mehr Klopapier, weil ich natürlich gar nicht darauf vorbereitet war krank zu werden. Taschentücher kann ich mir nur beim Haupteinkauf oder beim Einkauf bestellen und dann hast du sie nie da, wenn du wirklich krank wirst. Entweder nehmen sie ein Jahr im Schrank wertvollen Platz weg und man braucht sie nie oder man nutzt den Platz anders und sitzt dann mit tropfender Nase.

Wochenenden mit Formel I und Fußball sind doch GANZ kurzweilig. Ich habe aber auch schon Schreibpapier zurechtgelegt auf dem Tisch, um dir nachher zu schreiben. Aber spätestens morgen. Montag geht auf jeden Fall ein Brief raus.

Ich wollte heute eigentlich George Jacksons Buch weiterlesen. Aber nun ist mir doch nicht danach. Mir platzt nämlich im Augenblick der Kopf. Ich werde gleich doch einmal versuchen, eine Kopfschmerztablette zu bekommen. Nicht so einfach, denn wenn um drei Uhr Einschluss ist, dann ist es vorbei, dann kommst du auf keinen Fall mehr an eine Medizin.

Guten Morgen, Leah. Wir haben heute schon Sonntag, den einundzwanzigsten. Ich wollte eigentlich gestern noch etwas aufs Band sprechen, aber keine Chance. Ich bin eingeschlafen mit rasenden Kopfschmerzen. Mir geht's gar nicht gut. Hab aber doch heute Morgen wieder den Wecker gestellt, um Formel I zu sehen. Die fahren gerade in Übersee, in Malaysia, und da ist der Start statt um vierzehn Uhr um acht Uhr morgens. Schumacher führt schon, und so wie es aussieht, wird es ganz langweilig. Der gewinnt bestimmt auch.

Kurz nach neun, Schumacher hat gewonnen, war ein stinklangweiliges Rennen. Jetzt ärgere ich mich, dass ich schon so früh aufgewacht bin. Macht den Tag länger. Die Erkältung ist noch schlimmer geworden. Ich hoffe bloß, dass sie morgen weg ist. Nicht, dass ich dich noch anstecke! Obwohl ich denke, dass dein Immunsystem bestimmt super intakt ist. In der Schule wirst du ja immer von Keimen umwirbelt.

Guten Morgen, Leah. Ich sag wieder einmal „Guten Morgen"! Weil wir jetzt Montag, den zweiundzwanzigsten haben, und es ist genau sechs Uhr dreiundzwanzig. Ich bin immer noch erkältet und war trotzdem heute Morgen arbeiten, um fünf Uhr. Hatte dann aber solche Kopfschmerzen und meine Nase ist immer noch zu, dass ich um sechs Uhr aufs Revier zum Sani gegangen bin und mir dort Medikamente geholt habe. Für heute bin ich krankgeschrieben, und ob ich morgen wieder arbeiten kann, weiß ich noch nicht. Das hängt ja auch von der kommenden Nacht ab. Ich war gestern so kaputt, ich hatte einfach nicht die Kraft, weiter aufs Band zu sprechen oder noch groß zu schreiben an meiner Geschichte. Ich bin aber froh, dass heute Frau Wülbergs Dienst hat bei uns. Die war so nett und hat mir das Tonbandgerät noch einmal gegeben. Weil doch die Verfügung für dieses Tonbandgerät lautet, dass ich es nur abends zum Einschluss und am Wochenende bekomme. Also, es ist nicht ganz selbstverständlich, dass ich jetzt draufspreche. Wenn du heute Abend die Kassette bekommst, wäre es doch sehr schade, wenn sie nur zu einem Viertel besprochen wäre.

Ich lieg hier im Bett bei mir und hab das Fenster wieder verdunkelt. In meiner Zelle ist jetzt ein ganz dämmeriges Licht. Sammy sitzt auf seinem Käfig und schläft noch. Obwohl er ab und zu brummt, weil ihn meine Stimme doch ganz schön irritiert um diese Uhrzeit. Der Kleine wird ja normalerweise erst um acht Uhr aktiv.

Tut mir echt Leid, dass ich gestern nichts geschafft habe. Obwohl ich so langsam aber sicher mit der Pausentaste besser zurechtkomme. Mich stört zwar immer noch meine Stimme und ich könnte schwören, dass das mein Bruder ist, der hier auf das Band spricht. Für dich ist das ein Vorteil. Jetzt kennst du mich und die Stimme meines Bruders, bevor du ihn überhaupt jemals gesehen hast. Ich finde beim Abhören des Bandes, dass die Pausen, die ich mache, schon nicht mehr so häufig sind. Trotzdem etwas peinlich mir vorzustellen, dass du jedes Mal ein Knacken hörst, wenn ich auf „Pause" stelle. Ich hoffe, die Kassette wird nicht ganz so schrecklich. Und ich hoffe, es wird nicht allzu verwirrend für dich.

Für mich bringt dieses Tonband auf jeden Fall schon wieder was. Ich bin gespannt, wie sich diese erste Kassette im Vergleich mit späteren Aufnahmen anhören wird.

Hallo Leah, wir haben es jetzt kurz vor neun und ich habe eine Stunde geschlafen. Warum ich dir das alles erzähle? Vielleicht ist es für dich interessant, mal so ein Wochenende mit mir durchzustehen. Du kannst dir sicher sein, dass kein Außenstehender in den letzten acht Jahren je ein Wochenende so eng mit mir verbracht hat wie du jetzt dieses. Um ganz ehrlich zu sein, habe ich dir mehr Zeit und Gedanken gewidmet als irgendjemandem anders. Ich bin eigentlich mit dir abends ins Bett gegangen und morgens aufgestanden. Und wenn die Kopfschmerzen nicht gewesen wären, hätte ich auch bestimmt viel an meiner Geschichte geschafft. So spreche ich einfach über belanglose Dinge, die dich wahrscheinlich gar nicht interessieren. Aber solange ich hier im Bett liege... Wir liegen ja meistens im Bett. Wenn ich am Wochenende frei habe und Einschluss um drei ist, dann führt der erste Gang ins Bett. Von da an sitzt du auf dem Bett oder liegst auf dem Bett – meistens liege ich. Bevor ich in den letzten Monaten am Wochenende dir geschrieben habe oder am Tisch eines deiner Bücher gelesen habe, hatte ich spätestens in der Nacht von Samstag auf Sonntag wahnsinnige Rückenschmerzen. Eben vom vielen Liegen. Dank dir geht es also auch meinem Rücken besser.

Das war wieder unglaublich! Es ist jetzt zehn Uhr vierunddreißig, ich habe gerade die Post bekommen und es ist ein Brief von dir drin. Ich darf also noch nicht mal Astrids Vornamen nennen! Du hast tatsächlich herausbekommen, wer die Schriftstellerin ist! Ich hoffe, du hast das Buch nicht bestellt. Weil amazon doch sicher sehr schnell liefert. Ob du wohl das Buch schon gelesen hast, bevor ich dir heute meine Ausgabe mit den

Merkzeichen geben kann?
Das Lustigste ist ja, die Astrid hat von ihrem Felix, als der entlassen
wurde, einen Mohrenkopfpapageien geschenkt bekommen. Genau so
einen, wie ich habe. Sei also schön vorsichtig. Vielleicht schenke ich dir in
zwanzig Jahren auch einen Papagei? So alt wie Papageien werden kön-
nen, auch die kleinen Mohrenkopfpapageien können zwanzig, sogar
dreißig Jahre alt werden, könnte Astrids Mohrenkopfpapagei noch le-
ben. Ich habe Sammy gerade eingesperrt. Wenn du den im Hintergrund
hörst, der meckert, dass er nicht rausdarf.

Ich mach jetzt mal Schluss mit der Kassette, mit der Bitte, mir alle dop-
pelten und falschen Sätze zu verzeihen.

Kleiner Nachtrag noch: Ich habe gerade die letzten zwei Sätze noch
einmal angehört: Du hast Sammy ja richtig schreien gehört! Der Kleine
regt sich voll auf, dass er nicht draußen ist."

Ist schon gut, Sammy. Komm raus. Ist ja gar kein Tonband, ist nur eine
Seifendose. Gibt ja auch keine Leah. Gibt nur dich, Kleiner. Komm schon
raus. Und reg dich ab.

Jürgen Landt

einfach zu nah, die fremde

ihm war so fremd. nicht die zelle, zellen kannte er.

und die zelle presste sich mit ihren zwei außenwänden auch in jenem heißen sommer 1976, wie seit jahren, an die u-haft ran.

der mann hatte in einem anderen verwahrraum einfach zu laut gelacht, nun hockte er zur strafe innen vor diesen außenwänden, und wie zum abgewöhnen einer haft hatte irgendein schließer die nur von außen zu regulierende heizung angestellt.

„hemd anlassen!", hörte der mann diese stimme von draußen und dann das klappern der zurückfallenden klappe vor dem spion der zellentür. der mann knöpfte sein hemd wieder zu, wischte sich mit den ärmeln den schweißgetränkten kopf, betatschte die heizung und zog die hand blitzschnell zurück, um sie sich nicht zu arg zu verbrennen, leckte sich das salzige wasser über der oberlippe weg und versuchte, den abend des über 30 grad heißen sommertages zu erreichen, ihn sich wenigstens vorzustellen. und zwischendurch war er froh, dass er nicht diesen dicken, von schulterstücken befreiten wehrmachtswintermantel tragen musste wie in einer anderen haftanstalt im jahr zuvor.

er schlug von innen an die zellentür. wieder und wieder.

irgendwann drehte sich rasselnd, doch ruckartig ein schlüsselbund, riegel wurden mit einem fuß weggestoßen und ebenso schnell war die massive tür geöffnet. man merkte dem schließer die jahrelange routine an. der schweißüberströmte mann setzte sich in das hintere der zelle ab, nahm dennoch die geforderte haltung an und machte die dazugehörige meldung, ohne die kein dialog in dieser haft zustande kam:

„herr obermeister, verwahrraumältester landt meldet, ihm ist nicht gut!"

„hier gibt's keinen verwahrraumältesten mehr! ich hab' sie isoliert! auch wenn's nicht der isoliertrakt ist und sie hier drin 'nen lenz schieben, sie sind isoliert, mann! und was ist denn!?"

66

„herr obermeister, das ist so heiß hier, ich kriege keine luft! die heizung ist auf vollem betrieb. die heizung ist heiß!"

„da sehen sie mal, was sie für mitgefangene haben! beschweren sie sich bei den heizern, die heizen da unten im heizungskeller! nicht wir!"

„herr obermeister, aber ich melde, sie können im gang doch die heizung abstellen."

„da komm' ich nicht ran! beschweren sie sich bei ihren mitgefangenen! die strafgefangenen heizen!"

der schließer knallte die zellentür zu, schob die riegel vor und klapperte erneut mit der klappe vor dem spion, entfernte sich mit den an einer schnur befindlichen schlüsseln, indem er sie geräuschvoll kreisen ließ, etwas später an irgendwelchen gittern beim gehen entlangstreifte.

der mann wünschte sich den zellenabend vor dem abend in der zelle. er hatte sich lange schon ausgelacht, traute sich nicht, das weißblau gestreifte, langärmlige unterhemd der haftanstalt abzustreifen, zu neu waren die blauen flecken auf seinem rücken und den oberschenkeln, einfach zu frisch die spuren der stahlkugeln aus den ausfahrbaren gummiknüppeln.

der abend kam wirklich. der mann wurde in seinen alten verwahrraum zurückgeschlossen. „warum nur?", freute er sich, vielleicht hatte der schließer feierabend, schichtwechsel? und der mann war schwer atmend, schwindelig und mit schlappen beinen froh, dass er erst 19 war und nicht 45!

keiner durfte sich in der zelle, die mit undurchsichtbaren dicken glasbausteinen als fenster und zusätzlich mit einer metallenen sichtblende versehen war, vor der nachtruhe auf eines der übereinandergestapelten eisenbetten legen, doch waren sie jetzt wenigstens wieder zu viert. ein älterer, ein-arm-amputierter bäckermeister aus zehdenick machte armkreisen mit einem ganzen arm und einem stumpen. der stumpen drehte sich wie ein kleiner hauklotz, der noch lebte und einfach an seinen wurzeln hing. „toll machst du das, rudi!", foppte ihn ein trickbetrüger aus neubrandenburg. der trickbetrüger hockte auf dem nicht abgetrennten klo und spülte einfach seinen stinkenden schiss nicht ab.

„ich muss mich fit halten! oder denkst du, der teig für dein brot knetet sich von allein?"

ein mecklenburger dorfbewohner hockte auf seinem schemel und schnippte unaufhörlich eine streichholzschachtel von der tischkante auf den tisch. „ja!", brüllte er plötzlich, „jetzt steht das ding!" er hatte die schachtel in eine aufrechtstehende position geschnippt.

„erwin, hör mit dem geklapper auf! das geht einem voll auf den geist!", rief der trickbetrüger aus seiner sich mehr und mehr stinkend ausbreitenden ecke. „hätt' deine stieftochter dich länger rangelassen, erwin, dann hättest du nicht die unzucht an dem landwirtschaftlichen nutzvieh betreiben müssen, wärst nicht hier und könntest schön im dorfkrug richtig würfeln!"

der landbewohner stöhnte und klapperte mit seiner schachtel weiter, stand irgendwann auf, holte sich etwas von dem gestopften innenleben aus seiner matratze, ging zum trickbetrüger, nahm dem hockenden das klopapier aus der hand, riss sich einen streifen ab, legte das holzwollige zeug aus der matratze drauf, rollte es zusammen, leckte das papier einmal längs, steckte es sich in den mund, rauchte es an, nahm einen tiefen zug, setzte sich wieder auf seinen hocker und legte die streichholzschachtel auf den tischrand, krümmte einen zeigefinger und schnippte erneut drauflos.

dem mann war schlecht, doch er stellte sich vor den trickbetrüger und langte die heizung an. kalt. der mann stellte sich ans waschbecken neben dem klo, drehte den wasserhahn auf und trank und trank.

„lass noch was drin", sagte der hockende betrüger, „ich muss noch spülen." der mann am wasserhahn antwortete nicht.

der bäckermeister ließ seinen stumpen am oberkörper hängen. der stumpen sah jetzt wieder aus wie ein stumpf. wie ein solider, überflüssiger stumpf eines nicht mehr zu gebrauchenden armes.

irgendwie bereitete das kalte wasser dem mann urplötzlich probleme im geschlingertrakt der verdauung.

„mach hin!", sagte der mann zum trickbetrüger.

„immer mit der ruhe! wenn ich was mach', dann mach' ich das richtig und zu ende!"

nur das klappern der streichholzschachtel war zu hören, dann wieder ein kräftiger lungenzug, dann ein lautstarkes rumoren aus der bauchgegend des mannes.

„die menschen erscheinen mir so fremd im eigenen land, diese folterknechte eines staates und ihres selbst, oder sagt man ihrer selbst? da können mir alle arme fehlen, das werde ich nie begreifen. erst das vor kurzem bei den nazis und jetzt das hier, oder heißt das kurzen? und das in mecklenburg!"

„mensch rudi, wenn du erst draußen bist, kannst du wieder einen kurzen nach dem anderen trinken. hör auf mit dem scheiß!", rief der betrüger vom klobecken aus seiner ecke und hängte ein „was ist das hier eigentlich? ist das hier mecklenburg oder pommern?" an seinen ewigen schiss.

„in demmin verläuft die grenze", antwortete der mann, „und jetzt sieh zu, dass du da endlich runterkommst!"

„das ist doch egal, wo man ist", antwortete der trickbetrüger, zwängte sich etwas tiefer in die klobrille und meinte: „erwin, gib mal die rolle zurück und lass mal ziehen, an dein' seegras aus pommern."

Christine Maria G.

Es tut gleichmäßig weh und manchmal ist es kaum noch auszuhalten

Manchmal ist es kaum noch auszuhalten und es tut gleichmäßig weh.
Manchmal tut es weh und ist noch auszuhalten.
Manchmal tut es kaum noch weh und ist noch gleichmäßig auszuhalten.
Gleichmäßig tut es weh und auszuhalten ist es manchmal kaum noch.
Weh tut es und ist kaum noch auszuhalten.
Kaum noch auszuhalten ist es und es tut weh.
Es tut weh, gleichmäßig.
Gleichmäßig ist es auszuhalten und tut manchmal kaum noch weh.
Es tut manchmal kaum noch weh und ist gleichmäßig auszuhalten.
Auszuhalten ist es und tut noch weh.
Auszuhalten ist es kaum noch und tut gleichmäßig weh.
Es tut noch weh.
Weh tut es kaum noch.
Kaum noch tut es weh und es ist gleichmäßig auszuhalten.
Kaum noch auszuhalten, tut es weh.
Es ist auszuhalten und tut kaum noch weh.
Noch ist es auszuhalten und manchmal kaum.
Und manchmal ist es kaum noch auszuhalten.
Und manchmal tut es kaum noch weh.
Tut es noch weh? Manchmal!
Manchmal noch tut es weh.
Weh tut es manchmal noch.
Es ist kaum noch auszuhalten und tut gleichmäßig weh.
Ist es kaum noch auszuhalten und tut gleichmäßig weh? Manchmal!
Manchmal noch tut es weh und manchmal ist es kaum auszuhalten.
Auszuhalten ist es gleichmäßig und manchmal tut es kaum noch weh.
Auszuhalten ist es gleichmäßig und manchmal tut es noch weh.
Auszuhalten ist es und manchmal tut es noch weh.

Weh tut es gleichmäßig und ist noch auszuhalten.
Weh tut es noch manchmal.
Weh tut es noch manchmal und ist kaum noch auszuhalten.
Auszuhalten ist es kaum noch.
Kaum noch auszuhalten ist es.
Ist es noch auszuhalten? Kaum noch!
Ist es noch auszuhalten? Manchmal tut es noch weh!
Ist es noch auszuhalten? Gleichmäßig!
Tut es gleichmäßig weh und ist kaum noch auszuhalten? Manchmal!
Ist es manchmal noch auszuhalten? Kaum!
Ist es auszuhalten? Manchmal!
Ist es manchmal auszuhalten? Gleichmäßig!
Gleichmäßig tut es noch weh.
Gleichmäßig tut es kaum noch weh.
Weh tut es.
Es tut weh!
Es tut kaum noch weh und ist gleichmäßig auszuhalten.
Kaum noch auszuhalten. Es tut weh!
Es ist noch auszuhalten und es tut gleichmäßig weh.
Es ist noch auszuhalten.
Gleichmäßig.
Manchmal.
Kaum.
Noch.

Kenny Berger

Grauzone

Ich heiße Richard Sander, geboren am 13. Februar 1971 in Templin. Die Fiktion ist eine Lüge. Die Wahrheit ist viel schlimmer.

Ich heiße Adrian Görne, geboren am 7. April 1980 in Rostock. Täglich denke ich an die Container in den Bäuchen der Frachtschiffe. Ich denke an den dunstig blauen Himmel, an den Timmendorfer Strand, an das endlos weite Meer. Ich denke an die weißlackierten Möwen, an den Sanddorn, an die Dünen vor dem Kiefernwald. Morgens blasses Sonnenlicht. Wolkenhaufen, wild zerzaust. Bernstein sammeln, segeln, schwimmen. Mädchenlachen auf der Wiese. Ich möchte barfuß eiskalte Brillanten von der Hundskamille reißen. Wenn ich träume, lebe ich.

Ich heiße Thomas Gießler, geboren am 16. Mai 1969 in Brandenburg. Diese Stadt ist so verbittert, dass man von hier bis nach lebenslustig sehr weit fahren muss. An den Wochenenden schultern die Erwachsenen ihre pudelbemützten Kinder und machen sich mit Ver.di-Luftballons und roten Gewerkschaftswimpeln auf den Weg zum Rathaus. Man jagt nach Schnäppchen, steht für ALDI Schlange und wühlt bei SATURN in CD-Körben. Nachts sind alle Straßen leer. Tot liegt die Stadt wie ein weggeworfenes Handtuch unter mondlosem Himmel. „Der Wende voll vertraut, hat auf Brandenburger Sand gebaut", heißt das Sprichwort. Nur die allerdümmsten Kühe wählen sich ihre Schlächter selber, unterstreicht der kommissarische Bürgermeister mit einer energischen Handbewegung, nur die allerdümmsten. Er fürchtet Frauen mit Oberlippenbart, seine Schulden und nicht wiedergewählt zu werden. Willkommen im vereinten Deutschland.

Ich heiße Kevin Siebert, geboren am 14. September 1988 in Berlin. Oma ist die Größte. Sie hat versilberte Haare, einen Nachttopf unterm Bett und einen sprechenden Wellensittich. Oma raucht Zigarre, wohnt ein bisschen außerhalb und macht leckere Bratkartoffeln mit Speck und Spiegelei. Acht U-Bahn-Stationen muss man zu ihr fahren. Oma meckert nicht, braucht oft Hilfe und hat immer Zeit. Manchmal rutscht ihr das Gebiss aus dem Mund und dann sagt sie: „Oh, nein, zurück!" Und lacht. Ihre Küsse sind feucht, aber bei ihr bekomme ich wenigstens Taschengeld.

Ich heiße Arnold Steffen, geboren am 26. Juni 1975 in Schwerin. An jenem Morgen warteten mehrere schwerbewaffnete Typen der Polizei im Flur. Es war kalt und feucht. Erste Risse zeigten sich im Sommer. Böiger Wind kletterte über die Deiche. Sie haben mich gefesselt und fünf Tage und fünf Nächte lang verhört und sich dabei alle zwei Stunden abgelöst. Jemand sagte, die Ehre liegt im Ergebnis, nicht in den Mitteln.

Ich heiße Patrick Seifert, geboren am 1. November 1955 in Resahn. Das Nest ist so klein, dass die Kirche im Nachbardorf steht. Auf ihre Fragen antwortete ich immer wieder, ich heiße Richard Sander, Adrian Görne, Thomas Gießler. Ich heiße Kevin Siebert, Arnold Steffen, Patrick Seifert. Deutscher Staatsbürger, geschieden, ohne Beruf, zwei Kinder. Ich heiße ...bin ...habe ...Kinder. Am sechsten Tag haben sie mir grinsend lebenslangen Knast und Sicherheitsverwahrung angedroht.

Ich heiße Clemens Fröhlich, geboren am 30. Dezember 1972 in Dresden. Sie nahmen mir die Zigaretten weg. „Bist ein Perverser!", fauchte so ein Bullentyp. „Ich reiße dir die Eier ab. Du wirst schreien wie ein kleines Mädchen. Du glaubst wohl, ich bin aus Langeweile hier. Da hast du dich getäuscht. Ich bin hier, weil ich der Beste bin, kapiert? Heh, ich will dich nicht gestorben sehen, ich will dich sterben sehen!"

Ich heiße Ronald Schmittke, geboren am 19. August 1955 in Loitsche. Müde, hinter grellem Lampenlicht und ohne Wasser, blicke ich auf ein Leben voller Versäumnisse. Behind the sun, Wartezeit, Endstufe. Mutter hörte die Begriffe Geburtsfehler, Komplikationen, krank, ein Junge, viel zu klein, und verschwand noch am selben Tag aus dem Krankenhaus und aus meinem Leben wie ein Dieb. Vater merkte das erst später. Er paffte lieber Pfeife. „Pfeife wehrt die Mücken ab", erklärte er, schuppte sich den Fußpilz aus den Socken und löste Kindergeld und Sozialhilfe in blauem Qualm auf. Wenn er betrunken aus der Kneipe kam, pinkelte er in die Badewanne und hörte laut Musik. „Das ist die Callas. Sie klingt,

als würde man sie grad erwürgen. Heh, gibt's nichts zu fressen heute?"
Ich machte eine Büchse Katzenfutter warm und half ihm beim Ausziehen.

Ich heiße Hong Tuan Hung, geboren am 16. Februar 1974 in Saigon.
„Noch kannst du deine Eier retten, Traumtänzer", hat der Typ gebrüllt.
„Ich bin die Polizei. Ich bin dein Richter und dein Henker!" Ich habe
nicht geantwortet. Später hat er die Lampe abgeschaltet und mir freundschaftlich seinen Arm um die Schulter gelegt. „Na, wie geht's, du kleiner Wichser? Ich glaube, du bekommst graue Haare, Sander, Görne,
Gießler. Du bekommst graue Haare, Siebert, Steffen, Seifert. Du bekommst graue Haare, Fröhlich, Schmittke." Ich sah ihn verdutzt an. Es
sind Begegnungen mit Beamten, die das Leben zerreißen.

Ich heiße Peter Lehmann, geboren am 3. Januar 1965 in Halle an der
Saale. Die Bullen essen, rauchen, warten. Mir ist schlecht vor lauter
Hunger. Das ist das Ende, nicht der neue Anfang. Man fühlt sich wie ein
Küken, dessen Eierschale zerbrochen ist und das nun zitternd und auf
staksigen Beinen in der Weltgeschichte rumsteht. Time out.

Ich heiße André Wiegandt, geboren am 12. Oktober 1959 in Magdeburg.
Der Mond steht schief am Himmel. Jemand schreit, jemand schnarcht.
Ich hatte schlecht geträumt. Im Traum war mir Susan Stahnke erschienen, verkleidet als Abteilungsleiterin, machte sich auf der Toilettenbrille
breit und redete unglaublich blödes Zeug. Eine Kuh macht muh, viele
Kühe machen Mühe. So in der Art. „Und wenn Sie nicht gleich machen,
was ich Ihnen sage, lackiere ich mir die Fingernägel!" Ich hörte ihr nicht
lange zu.

Ich heiße Finn von Liebig, geboren am 7. März 1980 in Leipzig. Ich will
mich nicht verteidigen, aber ich möchte etwas richtig stellen: Mein Vater ist der letzte Arsch. Er fickt mich, seit ich sieben bin. Er dachte immer,
Sex und Freiheit hätten keinen Preis.

Ich heiße Robert Freitag, geboren am 11. Juli 1978 in Bremen. „Don't
get lost", steht auf der Packung. „Geh nicht verloren". Blöder Spruch.
Der Superbulle spendiert seinen Kumpanen eine Wachstumsförderung
und schüttet bunte Fruchtzwerge über den Tisch. Ich sehe zu.

Ich heiße Karin Steger, geboren am 9. Februar 1964 in Johanngeorgenstadt. Vater irrte sich.

Ich heiße Alex Petrow, geboren am 17. April 1984 in Murmansk. Vater irrte sich gewaltig. Ich habe sein Leben gegen 15 Jahre Knast getauscht. Ich hatte keine Angst. Meine Fehler sind bezahlt. Trotzdem bin ich nicht zufrieden und glücklich bin ich auch nicht. Man tötet keinen Menschen, nie. Die Welt ist sinnlos und ein rätselloses Rätsel.

Ich heiße Friedrich Kuhlmann, geboren am 21. November 1955 in Crivitz bei Schwerin. Das Gefängnis liegt trostlos und etwas außerhalb von Brandenburg. Blass, kalkgesichtig wie ein einsamer Angler, der sich tief in seine Wattejacke verkrochen hat, roch es sich voll Sehnsucht und voll wilder Träume. Man empfängt mich wie einen Hund, der verbotenerweise gegen die Tür gepinkelt hat. Ein Beamter stelzt heran. Er versaute mir das Bild: Mein Meer, meine Schiffscontainer und meine Deiche vor dem Kiefernwald. Die Mädchen in den Dünen. NENA singt im Radio: „...und jetzt fang ich erst an, das ist der Anfang ...“

Ich heiße Vera Mahler, geboren am 29. Januar 1961 in Bernau. Ich werde kontrolliert und eingeschätzt. Jetzt bin ich eine Nummer und eine blassblaue Karteikarte. Wenn ich etwas möchte, muss ich einen Antrag schreiben. Für Wäsche, für Klopapier, für alles. Der Tag vergeht mit betteln, aus dem Gitterfenster sehen, schlafen. Die Wochen, die Monate, die Jahre. Nichts beginnt. Nichts passiert. Nichts endet. Es bleibt ein Unglück für den Menschen, dass er seinen Verstand nur bekommt, um die Unschuld seiner Seele zu verlieren.

Ich heiße Karl-Heinz Richter, geboren am 7. Mai 1944. In der Zeitung steht, es ginge uns doch gut. Viel zu gut. Umsorgt von Therapeuten und Beamten, die täglich nur das Beste wollen. Vater, damals, hat das auch gemeint.

Ich heiße Christoph Engel, geboren am 16. September 1972 in Naumburg. Ich warte, esse, scheiße. Das Leben steht ohnmächtig vor den hohen Mauern.

Ich heiße Dennis Habedank, geboren am 12. Februar 1985 in Frankfurt an der Oder. Das Leben ist der Wein, den du getrunken hast, und jetzt nur noch die leere Flasche.

Ich heiße Jonathan Beck, geboren am 22. März 1971 in Lehnin. Leben ist die Zeit, die du hast, um dir dabei zuzusehen, wie du bevormundet, gedemütigt und alt wirst.

Ich heiße Wilson Gonzales, geboren am 6. April 1970 in Hannover. Das Leben ist ein Traum, der dich nachts aufschrecken lässt unter dem Schatten des Mondes, wenn du gerne schlafen würdest, bis der Tod dich befreit.

Ich heiße Ivo Möller, geboren am 28. Februar 1953 in Schwanheide. Die Zeit ist ein Ungeheuer, das nicht mit sich reden lässt. Adrian reißt einen Witz: „Löcher aller Sohlen, vereinigt euch." Niemand lacht. Wir sind zu verschieden. Wir sind viel zu gleich. Pflänzchen ohne Sauerstoff. Nummern, die vergilben. Richard, Dennis, alle.

Ich heiße irgendwie, geboren bin ich irgendwann. Containerschiffe, weißlackierte Möwen ...nebelblasse Träume. Vergangenheit zerfetzt. Jemand sagt, die Endlosjahre sind vorbei, zerronnen wie der Schnee am Meer. Tatsächlich, nicke ich. Spatzen tschilpen auf der Mauer. Jetzt darf ich wieder atmen, grinst der Polizist. Jetzt darf ich wieder leben. Ich weiß nicht, wie. Ich bin ich nicht mehr ich. Ich bin ein anderer geworden. Ich weiß nicht, wer ...

U. David Schweighoefer

Angeklagt – Verurteilt – Santa Fu

Ein persönlicher Schmerzbericht

Haft. Zeit zum Nachdenken. Zum inneren Aufräumen. Nun: Bis zum 42. Lebensjahr lebte ich sauber, straffrei und „funktionierte". Trotz Umsätzen, die sich in dreistelliger Millionenhöhe bewegten, entnahm ich der Firma nicht einmal den Gegenwert einer Briefmarke.

Die Justiz – das waren für mich schöne Gebäude, zumeist im Stil der Gründerjahre, nicht mehr. Übertretung, Vergehen, Verbrechen – das waren lediglich Wortspiele; klappernde Wörter auf Kopfsteinpflaster.

Meine Welt: Befehl und Aufgabe, Kauf und Verkauf, Ordnung und Geld, Lob und Tadel, Erfolg und Gewissenhaftigkeit, Artigkeit und Beflissenheit, Pünktlichkeit und Ehrlichkeit. Ein Wortverhau aus deutschen Tugenden, mit deren Inanspruchnahme („Arbeit macht frei!" zum Beispiel) unsere Großväter auch ein KZ führen konnten. Viel – aber doch nicht genug.

Zuvor: Elternlos. Heimzeit. Schule. Abitur. Lehre. Verlagskaufmann. Soldat. Arbeit. Und parallel dazu Studium: Englisch, Spanisch, Betriebswirtschaftslehre in England. Mit 23 Jahren bereits Generalbevollmächtigter im Bereich Immobilien. Dort, mit raschen, frühen Erfolgen, 16 Jahre „eingeparkt". Dann 12 Jahre Trainer in Robotik, Pharmazeutik. Über 60 Länder wurden monatsweise Heimat für mich.

Dann: in kaputter Euphorie, Erfindung, Verschuldung, Verfall der Bonität. Scherben auf Scherben. Eine böse Arithmetik. Ein irrationales Gemisch aus Heimweh, Entfremdung und dem ewigen Gefühl, über den Tisch gezogen worden zu sein. Familie: 5 Kinder. Verstrickung mit Kredithaien. Tödliche Zinsen.

Stetes Abgleiten in das Unbürgerliche. Zwang und Not. Es geht abwärts. Die Verdrängung wird zu ungeahnter Bedrohung!

Anklage und Prozess. Meine Einlassungen – alles Lügen, alles Schutzbehauptungen, Unsinn. Meine Anwältin: Kein Wort vor Gericht. Rums: Also ich, ein schwerer Verbrecher.

Das Verbrechen: Nun, auch eine „Wissenschaft", ein Gebiet, auf dem uns Richter, Staatsanwälte und Rechtsanwälte in gelehrter Anmaßung einfach nicht folgen wollen. Entwicklung, Motive, Hintergründe: das interessiert keinen Richter. Im Matsch des – meines – müden Erklärens bleibe ich stecken. Das Gericht hat seine Überzeugung, ist zu der Überzeugung gekommen, dass ...!

Also erstes Zwangsergebnis: 6 Jahre und 3 Monate. Santa Fu. Erster Besuch! Vier Jahre Haft. Dann 34 Monate Freiheit. Bitter, teuer, alles verloren. Freiheit auf sandigem Boden.

Dazu: Scheidung. Verlust sämtlicher sozialer Kontakte. Isolierung total.

Dann: Widerruf: Frühjahr 2002.

Somit zweites Zwangsergebnis: Zweiter Besuch Santa Fu. Hier! Jetzt! Gefangen in Schuld und Sühne. Jammern – nein. Staatsanwalt und Rechtsanwalt häkeln angeblich am Deal. Die Sicherungsverwahrung droht im Strafraum neuer Gesetze, die nun auch artig angewendet werden müssen! Strafe muss sein. Ist da noch was? Liegt doch bestimmt wieder etwas vor – oder? Alle Kontakte nach draußen sind schwer, zäh und doch voller Liebe. Mein Unwert, besiegelt, köchelt wieder auf der Null des Status quo. Mein Los: alles – zum zweiten Mal – zerstört, gewollt, getan, erlitten: Anstalt II, Santa Fu. Selbst Schuld!

Neues Alter, altes Leiden. Krankheit an Nieren und Leber, Herz vergiftet mit Blei und Quecksilber aus Vietnam, 1991. Halbwertzeit 80 Jahre. Noch 67 Jahre Gift und Schmerz. Der Tod – ein Bruder?

Nun, schuld bin ich selbst. Alles Mitleid endet im Mitleiden. Kontakte sind schwer – und tun weh. Ich drinnen, sie draußen.

Was geschieht mit mir? Arbeit lenkt ab. Gut.

Neid – worauf? Neid – ein Bruder ohne Maß? Ich erfahre: Sind Frauen schuld an den männlichen Aggressionen? Keine Antwort. Natürliche Grenzen scheinen aufgehoben – hier in der Haft. Mobbende Insassen – unerträglich.

Falsche Männlichkeit, erstarrt in body-ver-buildeten Körpern ohne Geist? Macho-Getue, brain-owner, statt brain-user. En Masse! Täglich neu! Santa Fu: Abklatsch „deutscher Werte" im Herbst des Verfalls? Scheinbar.

„Wir sind sterblich, wenn wir lieblos sind – und unsterblich, wenn wir lieben!"

Santa Fu – ein Ort der erodierten Seelen. Ein Panoptikum kranker Hirne. Ärztlich erkannt, gefährlich. Deshalb eingesperrt? Vielleicht. Aber sicher eine Anstalt mit dem Geruch des Verwahrtseins. Durchgetaktet mit Aufschluss, Essen, Arbeit, Freizeit, Einschluss. Sparsame Besuche im Format verlorener Sandkörner! Alles erlebt – ohne Grammatik vollkommener Klarheit? Wagner dramatisierte grundlegende Konflikte menschlicher Existenz. Ich fantasiere, auf dünnem Eis, über die Topografie des Leidens – hier!

Oberflächen, Schicksale, schieben sich ineinander, krachend landen Jung und Alt in Santa Fu. Hört, hört: 35-jährige saßen vereinzelt schon 17 Jahre in Haft. 27-jährige haben 12 Jahre vor sich ...
Herzkranke und Kettenraucher, Diabetiker und Drogensüchtige, gestörte Existenzen und Narzissmus-Opfer – alle brutzeln im Leid ihres verfehlten Daseins. Monate, Jahre und mehr. Taumeln vor weißer Wand in unsäglichem Leid, vereint im Schmerz. Opfer einer Schlacht ohne Tote – lebendige Leichen! Das Desaster der Schicksale vertönt, versiegt, ungehört im verborgenen Schachzug unausweichlicher Notwendigkeit von Strafe und Sühne. Chaos und Zerstörung als Muss! Wo sonst gibt es eine solche Ansammlung von Selbstzerstörung? Hier sitze ich in der Gesellschaft lebender Toter. Gesichter wie erloschen – Farbe abhanden gekommen? Eingesperrt im Missklang summierter Leiden, aufgeperlt in Monats- und Jahresketten. Pseudowohlstand in den Zellen: Billigteppiche zu Füßen, TV, Box und Tower, CD und lustfressende Bilder auf Wand und Tür. Schreie in der Nacht: im babylonischen Sprachengewirr zahlreicher bestrafter Nationalitätenvertreter, auf dem Höllenritt zur Illusion der Halbstrafe, Monat für Monat lutschend.

Links und rechts: Wortknallerei mit „Koffer/Blatt", „Bombe" und „Stoff", Iso und Zweidrittel, Therapie und Offener Vollzug, DVD und Abgang, Tod und Ende! – Ein Singsang im Kaminfeuer der Vernichtung auf Raten. Gerüchte köcheln – in Quark gemeißelte Versprechen

helfen, den Rettungsring Offener/Therapie/Abgang zu basteln.
Doch vorzeitige Entlassung – eine übergroße Fehlanzeige, ein lächerliches Begräbnis des Nichts!

Scheinbar uferlose Ansammlung von Drogentypen, Betrügern, Räubern, Mördern, Schlägern, Erpressern und anderen finde ich torkelnd im eckigen Kreis des Gefangenseins. Der Gefangene tanzt allein im Mief der verlorenen Null-Jahre. Rache ganz vorn...
Ratlosigkeit und Depressionen, Aggressionen und Ängste frieren mir entgegen. Die Seele weint.

Anträge en masse: Absagen in Leid und Frust: Absagemaschinen in Menschengestalt: Anstaltsleiter, Beamte, Gerichte und Behörden. Absage – jeder Insasse weiß um seinen Unwert – spätestens dann! Nette Beamte – gut! – aber zu wenig. Wie Fremdkörper. Korken auf hoher See!

So wabern Frust und Hader, Neid und Gerücht, Macht und Ohnmacht, Glück und Pech, Tod und Ende. Keiner spricht mit mir – aber ganz sicher über mich!

Wie überstehe ich nun am besten diese Hölle aus Papier – in der Quadratur des Kreises? Wie entkomme ich dem Papier gewordenen Drachen paragrafenverschlingender Alltage? Alltage im freien Fall. Welche Schäden kommen d u r c h die Haft auf mich zu? Wut und Verzweiflung, Ängste und Egoismen wachsen! Es bleibt die ewige Angst der Ökonomie permanenter Erosionen, emotionaler Erschöpfung, Ruf nach Resozialisierung – der Bruch ohne Ende! Ehe kaputt, Arbeit futsch, Wohnung weg – also Duldung hässlicher Spiele! Verlust meines Horizontes? Mein Lebensentwurf gerät abermals in eine Null-Runde. Wandlungen und Wiederholungen – wohin gerate ich? Der Tod – ein Angebot – Allegorie des eigenen Ichs? Ein Tausch produziert Null-Summen! Was kann i c h erwarten – was tun? Wie entkomme ich der finsteren Verschwörung eines Selbstmordes, der sich mehrenden Todessehnsucht? Wie kann ich – unbeschadet – das Eingesperrtsein überstehen?

Jeder weiß:
Geld und Geburten nehmen ab!
Manieren und Scham nehmen ab!
Werte und Ideale nehmen ab!

Moral und Recht nehmen ab!
Aber:
Angst und Gottlosigkeit nehmen zu!
Drohung und Gewalt nehmen zu!
Scheidungen und Prozesse nehmen zu!
Feigheit und Strafmaße nehmen zu!

Zum Beispiel der TV-Zuschauer, lustvoller Aufseher eingesperrter Artgenossen, konsumiert bei Brötchen und Knabberzeug, bei diversen Programmen, Filme mit über 250 Toten wöchentlich, transferiert ins Wohnzimmer. Verbrechen ja – Verbrecher nein!

Schuld und Sühne – der werfe den ersten Stein! Doch eben dieser scheint abhanden gekommen zu sein! – was also tue ich? Weltmeister im Verdrängen! Hilflos das Verschieben auf andere. Kalt schlägt die Vernunft auf – gleißendes Licht der Voreingenommenheit blendet mich. Der Leidensdruck wird – Gott sei Dank! – völlig unterschiedlich empfunden: Wie im Krieg, wo fast jeder einzelne Gefallene aus einer separaten Familie kommt. Ethik und christliche Werte – wo bleiben sie? Und was bleibt mir??

Eine Gesellschaft, die den Wert einer Person daran misst, welchen Beruf sie ausübt, wie viel Geld sie besitzt, wie jugendlich sie daher kommt, ist ihre jämmerliche Hochzeit mit der Oberflächlichkeit bereits eingegangen!
Der Andere ist weit weg – ich werde ein kalter Egoist.
Also – etwa Solidarität mit Knackis – keine Chance!
Empathie – zuviel! Kontakte – sehr schwer!
Nun, wie also überstehe i c h die Haft – gibt es einen Königsweg?

M.E.: Kämpfen, kämpfen – um alles! Solange es eben geht. Mein Weg ist, mir die Probleme von der Seele zu schreiben: Gedichte, Tagebücher et cetera pp.

Gruppenbesuche, Kirche, gute Gespräche. Auch ich hab' eine Sucht: Lesen. Bücher, Bücher. Ich bin bibliomanisch. Meine Droge sind Bücher. Die Bücherwelt. Der Strudel der Worte. Glückseligkeit in den Kombinationen der Konsonanten und Vokale. Muster des Denkens. Mehr als gaffen! Die Melodie der Sprache – wie sich Konsonanten und Vokale einen und trennen! Schon mit 7 Jahren schrieb ich mir die Seele frei. Erstes Honorar mit 9 Jahren bei einer Provinzzeitung.

Hobbies sehe ich hier: Musik, Sport, Sprachen, Studium, Malen und Zeichnen, Basteln – auch schöne Dinge.

Ich lese und schreibe – lange schon.

Höre klassische Musik – gehört, aufmerksam.

Zeichnen und Malen – im Tun stümperhaft.

Ich taumele von Depression zu Depression.

Bin müde zu sehen, auch hier, wie Menschen hässlich zueinander sind.

In meinem Kopf: voller Glasscherben – Schmerz und Chaos, Liebe und Hass, Feuer und Wasser, Leere und Trostlosigkeit. Kein Grün, keine Blumen. Kaum Lächeln.

Alles atmet Traurigkeit und Ende. Die Tage werden beigesetzt wie zu früh gestorbene Kinder. Tränen ertränken die Todessehnsucht. Die Blumen sind gebrochen. Fantasie mit Flügeln aus Blei. Der Tod – ein Bruder?

Freundschaft und Liebe, Sehnsucht und Qualen – nur schwacher Selbstbetrug – eben doch ein kleines Glück zu erhoffen?

Denn die Hoffnung stirbt zuletzt!

Uwe B. Werner

Grau und Weiß

Der Sonnenschein kitzelte in seiner Nase und weckte ihn auf. Sein schlaftrunkener Blick ging zum Fenster, wo die Sonne ihre Strahlen unverdrossen durch die engen Gitter hindurch schob und damit die sonst so grauen Wände seiner kleinen Zelle hell und trügerisch freundlich erleuchtete. Ihr Licht wanderte über das karge Inventar: den Stuhl, den festgeschraubten Tisch, den viel zu kleinen Schrank, die Wasch- und Toilettenecke und das Eisenbett, in dem er noch immer lag und überlegte, ob es wirklich Sinn machte aufzustehen.

Sein Zeitgefühl war wieder einmal verloren gegangen. Wenn ein Tag wie der andere ist, ohne Abwechslung, bestimmt von täglicher Routine und endloser Langeweile, dann verlieren Wochentage, ja Monate, an Bedeutung. Auch die Uhrzeit ist nicht mehr wichtig. Man bestimmt den Tag allein anhand der Mahlzeiten.

Zu Beginn versuchte er noch tätig zu sein: lesen, sauber machen, Briefe und Gedichte schreiben, träumen und den Hofgang nutzen. Nach einer Weile ließ das nach. Er hatte alles doppelt und dreifach gelesen, was er in die Finger bekommen konnte, und begonnen, die Schmiereien seiner Vorgänger von den Wänden zu entfernen. Ihm fehlte der Stoff für Briefe oder Gedichte. Es passierte ja nichts. Worüber sollte man schreiben? Und an wen? Immer weniger Menschen blieben ihm im Lauf der Zeit, immer weniger wollten oder konnten an seinem Leben teilhaben oder ihn in das ihrige schauen lassen.

So fiel er in Lethargie, mochte mit keinem mehr reden. Die Lebens- und Leidensgeschichten der anderen kannte er fast schon so gut wie die eigene. Er hatte keinen Fernseher, kein Radio und sehnte sich doch nach Musik, träumte den Tag über im Halbschlaf von lauter Banalitäten: Eis essen, durch eine belebte Stadt bummeln, über Felder laufen.

Zu Beginn war das Essen noch ein Thema. Er hatte geschimpft und gelästert, es als Zumutung und Fraß bezeichnet und es kaum angerührt.

Inzwischen war es ihm egal. Gleichgültig schob er die Sachen in den Mund, die er da draußen, in der anderen Welt, nicht einmal eines Blickes gewürdigt hätte.

Die Anstaltskleidung juckte und vom ewigen Kratzen hatte er überall Schürfwunden, doch auch das war ihm egal. Alles war egal. Da draußen ging das Leben seinen Gang und hatte ihn längst vergessen.

Unauffällig war er. Höflich, zurückhaltend, respektvoll den Beamten gegenüber, deren Dialekt er noch immer kaum richtig verstand und welche ihn spüren ließen, dass er ein Außenseiter war.

Die Klappe an der Tür ging auf und jemand warf Brot hindurch. Die Hausarbeiter sorgten meist nur für sich und ihre Lieblinge. Er war ein Sonderling, der Fremde, der nicht einmal die Witze richtig verstehen konnte.

Mauern hatte er um sich gebaut – innerlich, schützende. Er wollte nicht mehr verletzt werden, wollte zurückschlagen, sich wehren – und tat es doch nie.

Wenn er den Stuhl ganz nahe an das hohe Fenster stellte, konnte er auf den Zehenspitzen einen Blick nach draußen erhaschen. Einige Baumwipfel waren zu sehen und Vögel, die am Himmel kreisten. Nachts gab es immer Krach. Irgendwo sang einer, stritten welche, andere unterhielten sich durch die Fenster und alle mussten zuhören. Nebenan stöhnte jemand. Ob vor Lust oder aus Schmerz war nicht auszumachen. An Schlaf war meist nicht zu denken.

Er fühlte, wie die Kräfte schwanden, die Träume mit jedem Tag dunkler wurden und die Gesichter zu einheitlichen Masken verschwammen.

Gelernt hatte er natürlich auch. Vor allem zu verdrängen, zu vergessen, auszublenden. Das Gefühl von Recht und Unrecht war einem dumpfen Empfinden des Zwangs gewichen. Er fühlte sich als Versager und hatte die Hoffnung im tiefsten Schmutz begraben.

Die Toilette gluckerte wieder einmal und kurz darauf würde der Raum erfüllt sein vom fauligen Gestank der alten Rohre. Egal. Geschmacks-, Geruchs- und Farbsinn waren längst gewichen. Alles war grau. Nur ein weißer Fleck war übrig geblieben und stach ins Auge – das frische Anstaltshemd. Es hing am Schrank, blütenweiß, rein und unschuldig.

Stimmen. Er unterhielt sich mit sich selbst, erzählte sich wieder und wieder das Leben, bedauerte sich und log sich an.

Die Sonne verschwand. Graue Wolken schoben sich davor. Das Weiß des Hemdes begann zu verblassen. Das Grau kroch aus allen Ecken und

Ritzen auf ihn zu. Panik machte sich in ihm breit. Der letzte Sonnenstrahl erlosch und mit ihm die letzte Freude, der letzte Funke.

Nein, dieses Mal würde er nicht klein beigeben, sich nicht vom Grau einsperren lassen, nie wieder! Er ging zum Schrank, zur weißen Rüstung des Lichtes, zum Hemd. Automatisch arbeiteten die Hände, als ob sie nie anderes getan hätten.

Nur Trotz.

Der Stuhl – das Fenster – das Hemd – der Knoten – ein Blick – Dunkelheit.

Rosalie

Warum?

19.03.2002

Es ist Dienstagnachmittag – und – Einschluss, schon (fast) den ganzen Tag. Bis ca. 8.30 Uhr waren wir routinemäßig auf Arbeit. Wir saßen gerade beim Frühstück, als die Sirene ertönte – kurz darauf zurück auf Station und seither ist Einschluss. Die Bediensteten fungieren heute als Hausmädchen und teilen Essen aus. Das ist der einzig amüsante Aspekt daran.

Aber warum schreibe ich jetzt?
Ganz einfach – wegen der Fragen nach dem WARUM. Seit über einem Jahr sitze ich hier hinter Gittern und jeden Tag tun sich neue Fragen in mir auf. Dieses WARUM zermartert mir das Hirn, frisst sich in mein Hirn, meine Seele, dass vorhin schon wieder die Tränen flossen.

Was wird das jetzt eigentlich? Ein Tagebuch, eine Psychoanalyse, eine Anklage?
Keine Ahnung, was daraus wird. Erst kürzlich ermutigte mich Linse meine Lebensgeschichte aufzuschreiben. Für Memoiren fühle ich mich zwar noch zu jung, aber bis ich – nicht nur äußerlich – alt bin, habe ich sonst die Hälfte vergessen.

31.03.2002
Ostersonntag

Inzwischen ist es Abend. Ich sitze vorm Fernseher und eben war ein verängstigtes Mädchen zu sehen. Sofort musste ich an meine Cosy denken und es gab einen tiefen Stich in meinem Herz. Es tut weh, ihr so entfremdet zu sein – nichts oder nur über Dritte von ihr zu wissen, seit 13 langen Monaten. Heute waren Mami und Papi zu Besuch. Cosys Name fiel mehrmals am Rande, aber weder sie noch ich hatten den Mut und die Kraft, von ihr zu erzählen oder nach ihr zu fragen. Ich weiß nicht, wie ich das alles ertragen soll. Wird sie mir jemals verzeihen, was ich ihr durch mein Fehlverhalten '97, als sie noch nicht mal gezeugt war, angetan habe. Sie kann nichts dafür, und doch muss sie jetzt darunter leiden, dass ich nicht an ihrer Seite bin. Darf ich jemals – auch in ihren Augen – wieder ihre Mutter sein? Ich hoffe es so sehr, weil ich sonst nicht mehr weiß, wofür ich überhaupt noch lebe. Sie ist das Beste, was ich jemals zu Stande gebracht habe – einfach das Beste in meinem Leben, das es lebenswert macht. Ich habe Angst davor, dass sie sich von mir lossagt und mich auf Dauer aus ihrem Leben verbannt. Das könnte ich nicht verkraften...

05.04.2002

Gestern hatte Papi Geburtstag. Er liegt im Krankenhaus und ich bin hier – weit, weit weg. Mami, Mario, Karin und Ulrike haben ihn besucht. Fleischers kamen unverhofft noch dazu.

Heute nun hat er die Diagnose erfahren – Lungenkrebs. Mami sagte es mir vorhin unter Tränen am Telefon. Erst war Mario dran, der nicht ein einziges persönliches Wort für mich hatte. Er sagte nur: „Ich verbinde nach oben.". Keine Sorge um Mami, kein Kommentar zu Papi, zu meiner Osterkarte – nichts. Wie eine Telefonistin. Es geht hier immerhin um unseren gemeinsamen Vater, den wir beide lieben...!
Ich weiß nicht, wie ich Papi und Mami helfen kann oder ihnen zumindest nicht zur Last falle. Auch mache ich mir noch mehr Vorwürfe als ohnehin schon, weil der Tumor ohne den ganzen Stress, den ich verursacht habe, nicht so gewachsen wäre. Es ist ja allgemein bekannt, dass durch so viel Negativstress das gesamte Immunsystem extrem geschwächt wird. Der Gedanke ist so schlimm. Ich habe solche Angst ihn zu verlieren – er ist doch erst 58! WARUM trifft es immer die wirklich lieben Menschen und nicht solche Scheusale wie Reiner?!
Es tut so weh (schon wieder) und man ist so hilflos, machtlos, kann nichts machen als erst mal abzuwarten. Nächste Woche soll entschieden werden, was jetzt sinnvoll ist – Operation, Bestrahlung, Chemotherapie.

Silvester dachte ich noch: „Nachdem es die letzten Jahre immer mehr bergab ging – jetzt bin ich schon im Knast, was soll da noch kommen? Jetzt, jetzt endlich muss es aus dem Tal wieder zuversichtlich bergauf gehen." Doch weit gefehlt. Cosy entschwindet immer mehr und nun wird Papi so schwer krank. Er muss es schaffen, er muss einfach! Ich werde versuchen, ihm Zuversicht zu geben und etwas von all der Liebe, die er mir all die Jahre und besonders hier geschenkt hat. Papi – ich liebe dich!

14.04.2002

Ich komme gerade vom Gottesdienst und bin noch völlig aufgelöst. Beim Gehen hielt Pfarrer Müller meine Hand fest und fragte, ob alles in Ordnung sei. Ich verneinte mit dem Hinweis, dass mein Vater Krebs hat… Und schon schossen mir die Tränen in die Augen. Ich hab solche Angst ihn zu verlieren – ich möchte ihn festhalten, ihn umarmen, bei ihm sein. Es tut so weh! Es erdrückt mich fast. Ich möchte meinen Schmerz hinaus schreien, doch es werden nur stille Tränen. Ich kann es nicht verkraften, nach Cosima nun auch Papi zu verlieren. Gott, warum erlegst du mir solche Prüfungen auf?! Ist das meine Strafe für meine Tat?

24./25.03.2003 (ein Jahr später)

Es ist 2 Uhr nachts und ich finde keinen Schlaf. Zu viel geht mir immer wieder durch den Kopf. Ich kann einfach nicht mehr abschalten und das seit Tagen und Wochen. Der Grund: meine Familie da draußen. Da ist mein Kind, das in mir nur noch eine „Tante" sieht. Und mein Vater. Heute – falsch gestern – erfuhr ich von meiner Mutter am Telefon, dass er in die Spezialklinik geflogen werden musste, in der er bereits vor einem Jahr lag – auch da zu seinem Geburtstag. Hoffentlich ist es nicht zu spät.
Zu spät? Wann kommt Hilfe zu spät? Wenn man ohnmächtig wird? Wenn man einfach nicht mehr kann, sich vergeblich in den Schlaf zu heulen versucht? Sollte man dann um Hilfe bitten? Aber wo? Mir lieb gewonnene Menschen erreiche ich nur über Briefe, die öffentlich sind. Eine echte emotionale Ventilfunktion ist dadurch ausgeschlossen.
Für solche Angelegenheiten der Psyche soll es hier ja noch professionelle Hilfe geben – von der Psychologin! Obwohl ich wirklich kein

Mensch bin, der gern und bei jedem Pups gleich zum Psychologen rammelt und sich dort auskotzt, bin ich Anfang März nach vorheriger Terminvereinbarung dort gewesen. Ich habe um Hilfe gebeten, weil ich einsah, dass ich es allein nicht mehr schaffe. Die Probleme wurden im Gespräch erkannt und schriftlich fixiert. Der Nothilfeplan, sprich ein Termin für die nächste Woche, vereinbart. Doch, oh Wunder! Einen Tag später lag ein Zettel in meiner Zelle, auf dem ich folgendes lesen konnte: „Hallo Frau P., leider kann ich den für morgen vereinbarten Termin nicht einhalten. Auch einen Ersatztermin kann ich Ihnen derzeit nicht anbieten (fehlende Planungssicherheit meinerseits). Ich bitte um Ihr Verständnis. Ich denke, spätestens im Mai wieder kontinuierlich arbeiten zu können und würde mich spätestens dann noch einmal bei Ihnen melden. Sorry,..." Im Mai?! Wie bitte?! Ich wusste nicht, ob ich weinen oder lachen sollte. Übersetzt heißt die Aussage doch: „Anstaltspsychologin – persönliche Probleme, Nervenzusammenbrüche und Suizide bitte nur nach vorheriger Absprache und rechtzeitiger Anmeldung. Die Wartezeit beträgt derzeit 2 Monate. Vielen Dank für Ihre Rücksichtnahme auf meine Arbeitsorganisation." Das nenne ich Einfühlungsvermögen und Fingerspitzengefühl im Umgang mit akuten Fällen! Wer da nicht introvertiert, depressiv oder im Gegenteil aggressiv wird, der ist selbst schuld. Na gut, werde ich mich also wieder am eigenen Schlafittchen packen und aus dem Sumpf ziehen müssen. Ich habe dafür ja Zeit – bis Mai auf alle Fälle.

Mai? Ja, da sollte ich eigentlich nach 27 Monaten Haft endlich das erste Mal in den Ausgang gehen dürfen, was das Gros meiner derzeitigen Probleme erheblich reduzieren würde. Abgesehen von bedeutend besseren Chancen in meinem Kampf um eine kontinuierliche Umgangsregelung mit meinem Kind, könnte ich noch einige Zeit mit meinem Papa verbringen, mir nebenher Bücher fürs Studium organisieren und mich mit Kommilitonen via E-Mail zu Studienschwerpunkten austauschen. Das alles wurde im Februar in meiner Vollzugsplanungskonferenz so besprochen. Aber dieser „Fahrplan" ist bis heute – ganze 6 Wochen später – nach meiner Kenntnis noch nicht bestätigt. Warum, wieso, weshalb – ich weiß es nicht. Und das sagt man mir auch nicht. Ich bekomme keinerlei Info, außer dass „da wohl noch irgend etwas nachgeschoben werden müsse". Auf persönliche Anfrage beim sozialen Dienst kriege ich keine klare Auskunft – nun ist frau erst mal im Urlaub. Anträge an die Abteilungsleiterin werden konsequent ignoriert, so dass ich bis heute jegliche Reaktion auf meine Gesprächsanträge von vor 4 und vor 2

Wochen vermisse. Soll laut Strafvollzugsgesetz nicht eigentlich das Interesse an der Mitwirkung zur Erreichung des Vollzugszieles beim Gefangenen geweckt werden? Oder hab' ich da etwas falsch verstanden und gemeint ist, der Gefangene sollte durch permanentes Nerven das Interesse auf Seiten der Vollzugsbehörde wecken? Quatsch! Ich hab' nur wieder einmal vergessen, dass Papier geduldig ist.

Geduldig? Geduldig war ich bisher, wahrscheinlich zu sehr und zu lange. Denn langsam kann ich mich des Eindrucks nicht mehr erwehren, dass man erst durch „gelbe Zettel" und anschließende Disziplinarmaßnahmen die nötige Aufmerksamkeit erregen kann, um vorwärts zu kommen.

Vorwärts? Vorwärts bewegen sich zumindest die Zeiger meiner Uhr, denn mittlerweile steht der kleine auf der 3. Unter meinem Fenster schließt zum x-ten Mal die Nachtschicht auf ihrer Patrouille lautstark das Gitter – versunken in Gesprächen rund um ihre Familien.

Familie? Meine Familie ist immer noch da draußen – ohne mich und ich bin hier drinnen ohne sie. Trotzdem ich mir in der letzten Stunde so einiges von der Seele geschrieben habe, drehe ich mich doch nur eine weitere Runde im Kreis – wie der Hamster im Laufrad. Nur der merkt nichts von seiner Misere. Beneidenswert?

April 2003

„Leben und Tod sind nur vorübergehend.
Die Freiheit besteht für immer."

Wieder denke ich an ihn und kann es noch immer nicht begreifen – werde es wohl auch nie. Er ist nicht mehr in dieser Welt. Mein Vater lebt nicht mehr.

Ich wehre mich so gegen dieses eine bestimmte kurze Wort. Das ist so endgültig. Und davor habe ich Angst. Ich will nicht, dass ich nur noch Erinnerungen an ihn habe und keine Pläne mehr für die Zukunft, an denen wir gemeinsam basteln können.

Seit über zwei Jahren bin ich nun schon hier. Als ich im Februar Vollzugsplan hatte, war ich so euphorisch. „Das wird ein gutes Jahr, endlich ein gutes Jahr – ab Mitte des Jahres werde ich Lockerung bekommen! Was soll jetzt noch schief gehen?!" Doch erstens kommt es anders und zweitens, WENN man denkt.

Keine zwei Monate gingen ins Land und meine Welt bricht zusammen. Und wieder kann ich das Wort nicht aussprechen, nicht niederschreiben. NEIN! Es kann einfach nicht sein! Es darf nicht sein! Papi, du wolltest doch im Sommer mit meiner Cosy und mir ihre neue Schaukel anbringen! Und uns zusehen, wenn wir lachend durch den Garten toben oder kuschelnd auf der Wiese liegen – wenn wir endlich außerhalb dieser Mauern glücklich sein können, sei's auch nur für Stunden... Warum nur hast du dich davongestohlen? Warum ausgerechnet jetzt?! Konntest du nicht mehr warten? So vieles hatten wir doch noch vor!

Ich bin ungerecht. Verzeih' mir. Ich weiß ja, dass du dir nichts so sehr gewünscht hast wie bei uns zu bleiben, bei deiner Familie. Aber dein Körper hatte andere Pläne. Er konnte nicht mehr. Nun bist du frei.

Du lebst nicht mehr auf der Erde, doch nach wie vor in UNSERER Welt. Ganz nah bei uns. Immer. Egal, was wir tun. Du bist bei uns und wir sind bei dir. Nur eben anders. Und an diese Andersartigkeit werden wir uns alle noch gewöhnen ... müssen. Körperlich magst du tot sein – das erste Mal, dass ich es schreiben kann – aber deine Seele lebt in uns weiter.

Nie wieder

Nie wieder
werde ich in seine Augen blicken
mich in seinen Armen wiegen
seine Hand zärtlich streicheln
nie wieder

Nie wieder
wird er mir in die Seele schauen
mich sanft mit seiner Stärke umschlingen
nach meiner Hand im Sturme greifen
nie wieder

Rosalie

Nie wieder
werden wir miteinander
lachen, tanzen, weinen, streiten
schweigen

Mein Vater ist tot.

Georg Hoeflein

Gebet

Herr Jesus Christus,
Du Retter und Erlöser,
erhöre mich, wenn ich nach Dir rufe und Dich um Hilfe bitte.
Neun Jahre bin ich in den Händen der Justiz,
eingesperrt in einer Zelle, ausgeliefert der Willkür und Ungerechtigkeit,
ich bin müde und schwach,
wie lange werde ich durchhalten?
Ich bitte Dich:
Rette mich aus dem Sumpf der Ungerechtigkeit,
gib mir Kraft und Mut,
zu kämpfen um meine Würde,
zu kämpfen für meine Rechte und für alles, was mir als Gefangener
zusteht.
Kraft und Mut zum Durchhalten, damit ich überlebe in diesem Gefängnis.
Nicht im körperlichen Sinne, mein Herr und Retter,
sondern dass meine Lebensqualität nicht zerstört werde,
dass meine Gefühle zu den Menschen nicht abstumpfen und
dass ich nach langjähriger Haft nicht verlerne
den Umgang mit den Menschen,
hilf Herr, dass ich am Leben und im Leben bleibe, so wie es Dir gefällt
und für mich und die anderen gut ist.

Amen
(geschrieben in meiner Zelle am 23.03.2002)

Roman Kluke

Amerika, Gitter und das Pendel in der Nacht

In der Ferne scheint die Nacht dunkel zu sein. Wie es sich für eine richtige Nacht gehört. Die Menschen werden wohl schlafen und wahrscheinlich ist es dort ruhig.

Ob es so ist, weiß ich nicht. Bin schon zu lange drin. Und sehr viel länger werde ich noch bleiben.

Ich stehe in Strümpfen auf dem äußersten Rand meines Bettgestells aus Vierkanteisen. Mit beiden Händen halte ich mich an den kalten, runden Stangen des Gitters fest. Das Fenster ist sperrangelweit geöffnet und das Licht ausgeschaltet.

Die Überwachungslampen des Hofes tauchen alles in orangefarbenen Schein. Der verlassene Fußballplatz spiegelt die Leere meiner Gedanken und lässt mich sentimental werden.

Ein Hauch der freien Luft wird von draußen in die Zelle geweht. Vielleicht habe ich dieselbe Luft früher schon einmal geatmet.

Draußen.

Ich trage Shorts und die nächtliche Luft lässt mich etwas frösteln.

Aber warum soll ich mich in die warme Zelle zurückziehen, wo ich doch hier die Chance habe etwas Freiheit zu atmen, die von den Gitterstangen nicht aufgehalten werden kann?

Unsere Mauern sind 80 cm dick. Das habe ich damals in der Doppelzelle mit meinem Lineal nachgemessen. Und hier an der Fensteröffnung sieht man es auch. Man sollte meinen, dass so viel Schutz einen ruhigen Abend garantiert. Aber dem ist nicht so.

Irgendjemand klopft in seiner Zelle gegen die Wand. Dreimal kurz hintereinander. Ich weiß nicht, wer es ist und in welchem Raum er sich befindet. Aber ich höre es so deutlich, als ob er neben mir stehen würde.

Jemand schreit am Fenster:
„Abdallah.“
Keine Antwort.
„Ey, Abdallah!“
Wieder nichts.
Wieder klopfen.
Lauter diesmal. Drängender.
„Abdallah!!“
„Was willst Du?“
„Ich hab kein Feuerzeug. Schick mal ein Pendel rüber.“

Das Pendel. Man nimmt eine Plastiktüte, knotet ein entsprechend langes Seil daran und fertig ist es. So kann man die verschiedensten Dinge von Fenster zu Fenster „pendeln“.

Zum Beispiel ein Feuerzeug.

Am einfachsten ist es natürlich, von einer der oberen Etagen runter zu pendeln. Es ist aber auch möglich, wenn man nebeneinander auf der gleichen Abteilung liegt. Man befestigt dann einfach noch ein zweites Seil an der Tüte. Dann streckt man den Arm so weit wie möglich durchs Gitter und wirft das eine Seil nah an der Mauer entlang in Richtung Nebenzelle. Dort hält der Kollege z.B. einen Besenstiel aus dem Fenster und versucht damit das Ende des Stricks aufzufangen. Wenn das geschafft ist, kann er das Pendel zu sich herüberziehen, während der andere das zweite Seil festhält und Stück für Stück nachlässt, bis das Pendel drüben angekommen ist.

So kann man ganz bequem kleine Dinge hin und her pendeln.

Oft ist das „Pendeln“ zwar verboten, aber nach meiner Erfahrung wird es genau so häufig auch geduldet.

Von irgendwoher höre ich das Knistern einer Tüte. Sie schleift an der Mauer und kommt von oben her in mein Blickfeld. Es ist eine weiße Plastiktüte, die im Licht der Hoflampen orange schimmert. Sie scheint sehr leicht zu sein, wirft Falten und wird von dem leichten Windhauch nach rechts und links bewegt. Langsam wandert sie nach unten.
„Abdallah!“
„Gleich.“
„Hast Du noch Brot?“
„Ja. Moment.“
Ruckartig wird das Pendel nach oben gezogen.

Von meinem Fenster aus kann ich am schwarzen Himmel einige Sterne blitzen sehen. Kleine diamantene Punkte, deren Zeitbegriff mir manchmal Angst macht: Der große, freie, unendliche Himmel über meiner kleinen, eingeschränkten Welt.

Als ich noch zur Schule ging, war Amerika unser Inbegriff von Freiheit. In unserem Erdkundebuch hatten wir zwei Bilder aus den USA. Die herbstlich-bunten Farben des Yellowstone-Nationalparks mit weiten Wiesen und Wasserfall. Und ein Autobahnkreuz in der Größe von zwei Fußballfeldern nahe Detroit, wo Autos auf Brücken und durch Tunnels neben- und übereinander her geleitet wurden. Später lieh ich mir aus der Dortmunder Bücherei mit der großen Glasfassade einen Bildband über die Route 66 aus.

Disteln, die den rissigen Asphalt der Straßendecke durchbrachen, Highways, die sich jeder Bodenwelle anpassen, und mit groben Brettern vernagelte Fensteröffnungen verlassener Häuser. Ganz am Ende des Buches zeigte eine Doppelseite den tiefblauen Himmel mit vielen funkelnden Sternen über der nachtschwarzen Wüstenlandschaft.

Nachdem ich in Dortmund in den ersten acht Monaten meiner Gefangenschaft keinen Stern sah, weil genau über meiner Zelle eine Lampe orangefarbenes Licht verbreitete, und ich richtig gierig nach dem Funkeln der Sterne wurde, verlor das Land der unbegrenzten Möglichkeiten einen Großteil seiner Faszination.

Wieder höre ich es rascheln. Langsam wandert die Tüte nach unten. Ihr Inhalt ist größer geworden, das kann man sehen.

Abdallah wird wohl Brot gefunden haben. Die Tüte verschwindet, und ich sehe nur noch das Seil. Es besteht aus zusammengeknoteten Säumen eines Bettlakens.

Jetzt knistert es irgendwo unten. Das Seil ist gespannt. Das Pendel wird entladen.

„Ja, danke, Abdallah."

„Hau rein!"

Das Pendel wird schnell hochgezogen und verschwindet. Oben wird ein Fenster geschlossen.

Ich stehe noch immer in Strümpfen auf dem Eisengestell des Bettes. Meine Finger umfassen das Fenstergitter. Mir ist kälter geworden. Meine Füße schmerzen.

In der Ferne ist es immer noch dunkel. Unsere Nacht bleibt orange. In wenigen Stunden beginnt für mich der nächste Tag in engen Grenzen, mit kontrollierten Schritten und abgezählten Minuten auf dem Freistundenhof.

Doch nachts werde ich wieder Freiheit atmen.

Roman Kluke

An alle LL'er[1]

Denk doch an die Freiheit, Du Idiot.
Denk doch an das Draußen.

Denk doch an Deine Freundin in der Nacht.
Denk doch an die Liebe.

Denk doch an eine Tür, die Du zuschließt.
Denk doch an ein bisschen Ehre.

Denk doch an freie Luft zum Atmen.
Denk doch an den Geruch von Wald.

Seit Jahren hast Du doch die Freiheit nicht gesehen, Du Idiot.
Seit Jahren nicht mehr draußen.

Seit Jahren stirbst Du ohne Deine Frau in tausend dunklen Nächten.
Seit Jahren keine Erinnerung an Liebe mehr.

Seit Jahren Türen hinter Dir verschlossen.
Seit Jahren kannst Du Dich an Ehre nicht erinnern.

Seit Jahren Luft aus zweiter Hand – geliehen.
Seit Jahren Natur im Fernsehen nur gesehen.

---

[1] LL'er: Abkürzung für Gefangene, die zu lebenslanger Freiheitsstrafe verurteilt wurden

Die wollen Dich frei doch nicht mehr sehen, Du Idiot.
Die wollen Dich draußen nicht haben.

Die werden sich um Deine Frau schon kümmern.
Die werden Dich Liebe vergessen lassen.

Die wollen die Türen hinter Dir geschlossen halten.
Die wollen Dir die Ehre absprechen.

Die werden freiwillig keine Luft abgeben.
Die werden Dich freiwillig in die Natur nicht mehr lassen.

Ein LL'er

Jürgen König

Nach(t)schrei

Ich nenne ihn einfach Du. Das ist schlicht. Den Namen kann man sich leicht merken. Du musst. Du sollst. Du könntest.

Imperative begleiten Du als treue Weggefährten von Kindesbeinen an. Auch er war einst ein Kind. Das ist ein jeder gewesen. Nur – daran denkt keiner beim ersten Blick in das Antlitz seines Gegenübers. Ob die Welt eine andere, besser: der Mensch ein andere wäre, würden wir uns das zumindest ab und an vor Augen führen?

Dieser Gedanke und weitere gleiche Kopfspiele bewegen ihn beim Hofgang. Runde um Runde. Er geht allein. Mit sich. In sich. Gespräche mit den anderen Männer meidet er zurzeit. Zudem sendet Du Wellen der Zurückweisung aus. Ein Schutzwall aus Körperhaltung, Bewegung und Miene umgibt ihn. Überdies hängt Müdigkeit in ihm. Sie wirft ihn zusätzlich auf sich zurück.

Du lässt die geistige Leinwand in sich herunter. Sogleich taucht das Bild der letzten Tage zum x-ten Male in ihm auf. Überdeutlich sieht Du das Foto des Kindes vor sich, das vor Tagen durch sämtliche Medien gegangen ist. Es kommt näher. Unaufhaltsam näher. Groß und größer. Und zerplatzt zu einem Farbenregen. Kleinformatig baut es sich in der Ferne wieder auf. Wächst. Du sieht das feine Haar, die großen fragenden Augen, den kleinen Mund, rund. Röschen...

Du lächelt. Dreht sich zur Seite, halb herum. Er schämt sich seiner Gedanken und Empfindungen. Sentimentaler Altsack. Unsereins stehen derartige Emotionen nicht zu. Bist aus einer anderen Welt. Mensch dem Äußeren nach. Jedoch anders gestrickt. Geistig-seelischer Abweichler.

Ein aus den Normen Gesprungener. Fehldruck. Sagen die auf der anderen Seite des Lebens. Oder denken so oder ähnlich. Haben sie so unrecht? Mit dem Alter sind seine Zweifel gewachsen. Du lacht bitter auf.

Kein Klagen. Keine seelischen Blähungen. Schon gar kein Selbstmitleid. Derlei psychischen Schnickschnack hat Du sich längst abge-
schminkt. Andernfalls dürfte er kaum über die großen Runden im Nie-
mandsland des Dschungeldaseinskampfes gekommen sein. Nicht
halbwegs unbeschadet geblieben, so er es je gewesen ist... Defekt. Ja.
Sprung in der Schüssel. Ja. Ein Kranz von Haarrissen in der Bewusstseins-
basis. Ja. Aber... Nein. Kein Aber.

Steh zu dir. Nehmen Sie sich an, hat ihm der Wohlmeinende aus der
Psycho-Fraktion gesagt. Gut gebrüllt, Löwe in Weiß. Leicht gesagt.
Schwer umzusetzen. Du weißt, dass er sich selbst im Wege steht. Nimm
dich an...

Du schreitet aus. Geht schneller. Die Bilder in ihm und seine Ge-
danken laufen synchron. Überschneiden sich an Knotenpunkten. Die
Bilderflut spült Gespräche aus dem Treibsand der Vergangenheit.
Ungesprochene Kommentare. Satzfetzen fischen Bildschnipsel aus der
Tiefsee des Vergessens und des Verdrängens.

Einrücken. Die Stimme des Aufsichtsführenden schneidet den Strom
des Erinnerns ab. Wie ferngesteuert lenkt Du seine Schritte in Richtung
Eisentür im alten Backsteingemäuer. Schritte ins Dunkel.

Knapp 10 Quadratmeter Raum. Zelle. Du spricht von seinem Wohn-
klo mit Schlafgelegenheit, einer Wohn- und einer Schlafseite: Bett, Tisch,
Stuhl, Schrank, Schränkchen, WC, Waschbecken, Heizkörper. Von
Übervater Staat eingerichtet für seine schwarzen Schafe unter der
Millionenherde mehr oder weniger weißer.

Verschlusszeit. Letztes Schlüsselrasseln. Langer Abend. Endlose
Nacht. Du ist müde. Seelisch erschöpft. Er legt sich auf das Bett. Als
später die Scheinwerfer im Hof ihr Licht gegen das Gemäuer werfen,
fallen die Schatten der Gitterstäbe vor dem Zellenfenster auf den Mann
auf dem Nachtlager; sie scheinen mit ihm zu verwachsen. Du liegt reg-
los. Er atmet langsam, kaum hörbar, so als sei er bemüht das Atmen zu
unterdrücken.

Unruhig dreht sich das Kind auf seinem Bettchen. Feuchtes Haar
klebt auf seiner Stirn. Die Augen scheinen geöffnet. Gardinenmuster
liegen wie Taler auf seinem Gesicht. Unverständliche Wortfetzen per-
len aus seinem Mund... Leise öffnet das Kind die Wohnungstür, zwängt
sich durch den Türspalt ins Treppenhaus, zieht die Tür sachte hinter
sich zu... Auf Zehenspitzen, sich am Geländer haltend, nimmt es Stufe
um Stufe, hinab, fort. Nur fort... Weiter. Weiter. Weiter. Es wagt nicht
sich umzudrehen...

Türschlagen. Gepolter. Rufe. Höhnisches Lachen. Locken. Schwarze
Vögel, die in den Fensterhöhlen sitzen, fliegen krächzend auf. Mit vor

Angst geweiteten Augen schaut das Kind sich um: Gestalten mit Messern kommen näher. Und näher. Ihr Gelächter schmerzt das Kind. Es trommelt dumpf in seinen Ohren. Und wird lauter. Das Kind läuft schneller, springt mehrere Stufen auf einmal hinab, breitet seine Ärmchen aus, stürzt sich nach vorn und – fliegt. Leicht wie eine Feder. Jubeltöne. Triumphgeschrei... Ein harter Griff reißt es herum, übel riechender Atem schlägt ihm ins Gesicht...

Die Tür zum Kinderzimmer öffnet sich. Fast unhörbar. Und wird ebenso leise geschlossen. Fußbodenknarren. Stille. Keine Geräusche mehr aus Richtung des Kinderbetts. Erneutes Fußbodenknarren. Stoßweiser Atem.

Das Kind weiß um diese Geräusche. Langsam zieht es die Beine an den Leib, die Ärmchen gleichermaßen, die Händchen zu Fäustchen geballt zwischen die Schenkel gepresst. Es wagt kaum zu atmen. Totes Häschen.

Das große Dunkle nähert sich dem Kinderbett. Flüstert mit belegter Stimme etwas wie „mein Kleines, mein Liebling..."

Das Kind spürt Hände, die seinen Leib betasten. Es möchte aufschreien, doch Angst schnürt ihm die Kehle zu. Sein Leib erstarrt und fühlt sich eiskalt an. Er gehört nicht mehr zu ihm. Die grobe, große Hand scheint es nicht zu spüren, sie fährt schmerzhaft knetend über den kleinen Leib. Eine Hand schiebt sich tastend zwischen die Schenkel, dem Kindergesäß zu. Finger suchen und bohren. Und dann plötzlich ein rasender Schmerz. Brennen und Reißen. Feuer. Das Kind möchte aufschreien, doch der Mund ist zu. Verschlossen. Wie ein feuchtes Stück Tuch liegt eine Hand auf seinen Lippen.

Die Zelle ist erfüllt von einem unmenschlichen Schrei. Du fährt hoch. Er weiß zunächst nicht, wo er sich befindet, wer geschrieen hat. Bis er registriert, dass er es ist, der wie ein waidwundes Tier brüllt, schreit, schreit... Er muss schreien, er will schreien, herausschreien. In ihm ist etwas, das heraus will aus dem Gefängnis in ihm.

Peter Lambert

Kleine Blume Freiheit

Früher durfte ich in meiner Zelle eine Pflanze umsorgen. Da ich irgendwo einmal gelesen hatte, dass Pflanzen besser gedeihen, wenn man mit ihnen redet, gab ich meiner Blume einen Namen. Ich nannte die kleine Blume „Freiheit". Die Größe ihres Blumentopfes wurde streng nach einer Vorschrift durch die Anstaltsleitung geregelt und bei den täglichen Zellenkontrollen von den Stockswerksbeamten penibel überwacht.

Zuweilen erinnere ich mich an eine Geschichte über eine ähnliche Blume aus meiner Schulzeit, die sowohl schöne als auch traurige Gefühle in mir hochsteigen lässt.

Waren wir in der Grundschule noch streng in eine Mädchen- und eine Jungenklasse aufgeteilt, saß ich in der Hauptschule neben Marie-Therese, einem hübschen, lebhaften Mädchen aus dem Nachbardorf, mit dem ich auch zusammen im Judo-Club trainierte.

Bis zu den Weihnachtsferien plätscherte die Zeit ereignislos dahin. Klassenlehrer Diehl fieberte nach der Jahreswende einem Besuch des Schulrates entgegen, der ihn in seiner Lehramtstätigkeit prüfen sollte. Er gestand uns seine Nervosität ein und bat die Klasse, während dieser Prüfung ganz besonders gut mitzuarbeiten.

Das Thema der betreffenden Religionsunterrichtsstunde wurde mit einem kurzen Zeichentrickfilm eingeleitet, den wir Schüler danach zu interpretieren hatten.

Man sah auf der Leinwand zunächst eine dunkle Mauer mit einem vergitterten Fenster darinnen. Aus diesem schwappte ein Schwall Tränen, wie aus einem Springbrunnen. Die Kamera fuhr näher heran und hinter den Fensterscheiben wurde das vom Gitter zerteilte, verzerrte Gesicht eines Gefangenen sichtbar, der kurz vor der völligen Auflösung zu stehen schien.

Sein unaufhörliches Weinen rührte einen vorbeifliegenden Vogel so sehr, dass dieser ihn am Fenster besuchte und ihm ein Samenkorn auf die Fensterbank legte.

Der Gefangene nahm das Samenkorn vorsichtig in die Hand und pflanzte es in einen Topf, goss und umsorgte es.

Mit der Zeit wuchs aus dem Topf eine wunderschöne Blume. Und mit dem Wachsen der Blume wuchs das Staunen und die liebevolle Umsorgung des zarten Pflänzleins durch den Gefangenen. Seine Tränen verstummten vollends, und wenn er nun am Gitter stand, dann freute er sich mit einem heiteren Gesicht an der kleinen Blume.

Die Tage vergingen, der Gefangene wurde entlassen.

Als er unter seinem Fenster vorbei ging, streifte er mit einem geschulterten Bündel die Blume achtlos vom Fenstersims. Sie zerbrach unter seinen Füßen und vertrocknete am Boden. Mit einem Achselzucken ging der Entlassene weiter.

– Lehrer Diehl hielt den Film an.

In der Klasse hätte man eine Stecknadel fallen hören können.

„Wer möchte etwas dazu sagen?"

Der junge Klassenlehrer wirkte ein wenig hilflos. Also meldete ich mich – während Marie-Therese mir unter der Schulbank ans Bein trat – und gab mit kindlichen Worten zum Besten, was mir gerade einfiel.

Ich versuchte zu erklären, dass jeder Mensch etwas Lebendiges braucht, das er lieben und umsorgen kann, und dass er selbst teilhat an der Aufmerksamkeit, die er schenkt. Dieser Gefangene, der sich wahrscheinlich nach der Freiheit sehnte, dem jedoch kein einziges Symbol mehr für diese gelassen worden war, grämte und weinte sich fast zu Tode, bis der Vogel ihm das Samenkorn schenkte, das für ihn zu allem wurde, was Freiheit überhaupt bedeutet: Leben, Farben und so weiter. Er ließ die kleine Blume sogar immer vor seinem Gitter stehen, so als habe dieses zarte Pflänzlein keinen Platz in einer dunklen Zelle. Als er dann entlassen wurde und die ganze Fülle der Freiheit wieder erfuhr, da war die Blume schnell vergessen und nicht mehr wichtig.

In der Klasse herrschte noch immer Stille. Selbst Marie-Therese vergaß noch einmal nachzutreten.

„Was meinst du, wie der Film weitergeht?"

Ich antwortete, dass ich glaube, der Gefangene werde wieder ins Gefängnis kommen, weil er nicht gut mit all dem, was lange Zeit Freiheit für ihn bedeutete, umgegangen ist, und erst dann wird er seine „kleine Blume Freiheit" so richtig zu schätzen wissen.

Nachdem Klassenlehrer Diehl noch andere Klassenkameraden gefragt hatte, ließ er den Film weiterlaufen.

Wieder sah man das kleine, vergitterte Fenster in der dunklen Mauer. Man hörte eine schwere Tür ins Schloss fallen und sah den Gefangenen langsam ans Fenster treten. Er suchte seine Blume, und als er sie nicht fand, wurde ihm bewusst, wie achtlos er mit ihr umgegangen war. Er fing wieder an zu weinen. Seine Tränen waren so stark, dass sie bis auf den Boden rannen – und dorthin flossen, wo die achtlos weggeworfene, vertrocknete Blume lag.

Langsam bewegte sich etwas.

Von den Tränen des Gefangenen zu neuem Leben erweckt, wuchs aus dem Samen der vertrockneten Blume ein prächtiger Strauß bunter Blüten, der sich an der Mauer hoch bis zum Zellenfenster des Gefangenen schlängelte. Dieser lachte wie befreit auf. Am Schluss sah man noch, wie der Gefangene wieder entlassen wurde und er die Blume in einem Topf auf seinem Arm liebevoll mit sich trug.

Als zu Beginn des Jahres bekannt gemacht wurde, dass ab sofort aus Sicherheitsgründen keine Pflanzen in den Zellen mehr gestattet seien, fühlte ich mich so leer... Hätte jemand sein Ohr an meinen Brustkorb gelegt, wäre das Rauschen des Meeres zu hören gewesen.

Peter Lambert

Besuch

Beim Besuch
huschen die Worte
wie Pusteblumen
über die Haut

Nach dem Besuch

Scheußlich
das langsame
Entgegnen der Stille
spüre nur
Dein Fehlen

Reidar Tavares

Begegnung mit dem Abteilungsleiter

„Wissen Sie, Herr Tavares, so wie Sie hier herumlaufen, machen Sie keinen guten Eindruck."

„Ich wusste nicht, dass ich mich auf einer Modenschau befinde."

„Na, schauen Sie doch mal: Sie lassen Ihren Bart wild sprießen, schneiden sich die Haare nicht, duschen alle Jubeljahre mal – und Ihren Haftraum haben Sie auch in keiner Weise wohnlich eingerichtet. Freundschaft mit anderen Inhaftierten haben Sie, soweit ich weiß, keine einzige geschlossen."

„Es hat wohl damit zu tun, dass ich mich an diesem Ort nicht heimisch fühle."

„Ja, genau. Aber auf diese Weise erreichen Sie das Vollzugsziel nicht. Dadurch verbauen Sie sich Ihre Chancen auf vorzeitige Entlassung."

„Ah, jetzt verstehe ich. Darüber habe ich schon gelesen, in einem Buch über chinesische Gefängnisse in den Fünfziger Jahren."

„Bitte?"

„Auch aus chinesischen Gefängnissen wurden die Häftlinge erst entlassen, sobald sie dafür *dankbar* waren eingelocht worden zu sein. Erst dann war die Gehirnwäsche erfolgreich."

„Herr Tavares, auf dieser Grundlage lässt sich ein sinnvolles Gespräch nicht führen."

„Das sehe ich auch so. Guten Tag."

Reidar Tavares

Das Zuständigkeitskarussell

Ein Stück in sechs Akten
Auf einer wahren Begebenheit beruhend

Erster Akt

Abteilungsleiter: Was gibt's denn, Herr Meyer?

Gefangener: Guten Morgen. Ich wollte bloß wissen, was für einen Antrag ich an wen schreiben muss, um kurzfristig entlassen zu werden.

AL.: Herr Meyer, gemäß Ihrer Akte haben Sie noch eine ganze Reihe von Jahren vor sich. Von Entlassung kann keine Rede sein.

Gef.: Ich weiß, ich bin erst gestern hier eingetroffen. Aber ich bin ja nicht in Deutschland verurteilt worden, sondern in einem korrupten Land der Dritten Welt.

AL.: Äh, Herr Meyer, Ihre letzte Bemerkung habe ich nicht gehört. Die Bundesrepublik Deutschland unterhält zu dem von Ihnen als Land der Dritten Welt bezeichneten Staat gute Beziehungen.

Gef.: Hören Sie! Man hat mich in einem Zwanzigminuten-Verfahren ohne jedes vorherige Verhör – obwohl ich mehrmals darum bat – zu neun Jahren Haft verurteilt. Die Indizien für meine Unschuld und sogar meine zwei Indizienbeweise wurden dort nicht zur Kenntnis genommen.

AL.: Herr Meyer, Beweise interessieren hier niemanden mehr, das Urteil ist rechtskräftig. Gemäß dem Übereinkommen zur Überstellung von

Strafgefangenen in die Heimat war die deutsche Justiz verpflichtet das ausländische Urteil ohne Änderung anzuerkennen.

Gef.: Das kann doch nicht Ihr Ernst sein. Sie wollen mich hier weitere Jahre sitzen lassen, obwohl ich Beweise für meine Unschuld habe? Können Sie mich nicht wenigstens sofort in den Offenen Vollzug verlegen?

AL.: Bedaure, jetzt nicht mehr. Da Sie behaupten unschuldig zu sein, sind Sie ganz klar verbrechensuneinsichtig. Gemäß unseren Verordnungen dürfen nur diejenigen Inhaftierten in den Offenen Vollzug, die Ihre Straftat aufzuarbeiten bereit sind. Weil Sie, Herr Meyer, dazu nicht willens sind, besteht Wiederholungs- und damit Missbrauchsgefahr im Falle von Vollzugslockerungen. Tut mir leid, das kann ich nicht verantworten.

Gef.: Aber da ist nichts zum Aufarbeiten. Ich bin ein Opfer der Korruption. Hier, sehen Sie, in dieser Mappe sind meine Unschuldsindizien und die Beweise aufgelistet. Bitte, lesen Sie!

AL. (wehrt ab): Dazu bin ich nicht verpflichtet. Die Verordnungen sind eindeutig. Ich tue nur meine Pflicht. Es wäre das Beste, Sie wenden sich an das Gericht.

Vorhang.

Zweiter Akt

Richter: Schauen Sie, Herr Meyer, ich habe Ihnen jetzt schon mehrmals erklärt: Gemäß dem Überstellungsübereinkommen mussten wir das ausländische Urteil übernehmen. Ein Wiederaufnahmeverfahren ist hier nicht möglich und das Urteil ist rechtskräftig.

Gef.: Dann entlassen Sie mich doch bitte rasch zur Bewährung. Hauptsache, ich komme hier raus.

Ri.: Entlassung auf Bewährung zu einem so frühen Zeitpunkt ist nur in besonderen Fällen möglich und muss wohl begründet sein. Eine Bedingung ist, dass Sie sich intensiv mit Ihrer Straftat auseinandergesetzt haben – was Sie nicht tun, deshalb sehe ich keine Möglichkeit für frühzeitige Entlassung.

Gef.: Eben sagten Sie noch, Sie könnten mir nicht entgegenkommen, weil das Überstellungsübereinkommen keinen Ermessungsspielraum lässt. Warum aber geben Sie mir dann keine Bewährung? Dort gibt es doch einen Ermessungsspielraum!

Ri.: Dabei handelt es sich um zwei verschiedene Dinge. Die Vorschriften bezüglich Bewährung gehen davon aus, dass Sie schuldig sind. Für Verurteilte, die ihre Unschuld nachträglich beweisen können, finden die Vorschriften bezüglich Entlassung auf Bewährung keine Anwendung, denn eine entscheidende Voraussetzung für Aussetzung zur Bewährung ist ja die Aufarbeitung der Straftat.

Gef.: Aber das ist ja irre! Sie können doch nicht jemanden, der seine Unschuld beweist, in Haft behalten. Das wäre ein Verbrechen gegen die Menschlichkeit.

Ri.: Bitte werden Sie nicht emotional. Wir bei Gericht müssen auf der Basis bestehender Gesetze entscheiden und die sind in Ihrem Fall, Herr Meyer, eindeutig. Aber selbstverständlich ist die deutsche Justiz kein grausames Ungeheuer. Für berechtigte Härtefälle gibt's ja die Gnadenabteilung. Bitte wenden Sie sich dorthin.

Vorhang.

Dritter Akt

Gef. (liest von einem Blatt Papier ab): Ihr Antrag auf gnadenweise Anerkennung der ausländischen Haftzeit in einem Verhältnis von 1 zu 2 wird abgelehnt. Zu einer Begründung sind wir nicht verpflichtet.

Kollege: Weißt du, heutzutage gibt's praktisch keine Begnadigungen mehr. Die Gnadenabteilung ist jetzt der Staatsanwaltschaft unterstellt und der Justizsenator ließ verlauten: „Gnade ist Schwäche." Das ist die Vorgabe der neuen Politik.

Gef.: Dann muss ich also mit den Politikern reden.

Kollege: Ja, an die sollte man sich wenden.

Vorhang.

Vierter Akt

Politiker: Ich freue mich, dass Sie mich in einer Bürgersprechstunde anrufen und ich finde Ihren Fall sehr interessant. Leider ist dafür die Politik nicht zuständig.

Gef.: Nicht?

Pol.: Herr Meyer, in unserem föderalistischen und freiheitsliebenden Rechtsstaat sind Legislative und Exekutive streng voneinander getrennt. Justiz und Gerichte in Deutschland handeln unabhängig. Auf deren Entscheidung haben die Politiker keinen Einfluss.

Gef.: Erzählen Sie mir nicht so einen Unsinn! Offiziell sind Richter zwar unabhängig, aber über Ernennungen und Beförderungen entscheidet die herrschende Partei. Wer nicht Urteile im Sinne der Herrschenden spricht, versaut sich seine Richterkarriere.

Pol.: Herr Meyer, es warten noch weitere Bürger in der Leitung.

Gef.: In wirklich begründeten Fällen von Justizirrtum muss doch mit Hilfe einer Gnadenentscheidung eine menschliche Lösung gefunden werden. Geben Sie bitte eine neue Verordnung heraus, die das festlegt, oder ändern Sie halt eins der vielen Gesetze!

Pol.: Herr Meyer, so sehr ich für Ihre Situation Verständnis habe und Mitgefühl empfinde, muss ich Ihnen leider sagen, dass dies zum gegenwärtigen Zeitpunkt nicht infrage kommt.

Gef.: Ja, und ich weiß auch, warum: weil jede Partei, die gegenüber Kriminalität nicht als Hardliner auftritt, eine Menge Wählerstimmen verlieren würde. Ist es nicht so?

Pol.: Nun, Herr Meyer, ich gebe dazu keinen Kommentar ab, aber wenn Sie so denken, sollten Sie sich vielleicht an die Medien wenden.

Vorhang.

Fünfter Akt

Journalist: Schön und gut, Herr Meyer, vielleicht sind Sie wirklich unschuldig, aber deshalb ist unsere Redaktion doch nicht verpflichtet, einen Artikel über Sie zu veröffentlichen. Ich meine, Ihr Fall ist nicht so furchtbar brisant. Wenn Sie ein Kind geschändet oder ein riesiges Blutbad angerichtet hätten, gut, dann könnten wir durchaus über ein Interview verhandeln, aber Sie sind ja nur ein kleiner Fisch.

Gef.: Ein kleiner Fisch, der jahrelang hinter Gittern verbringen soll.

Jo.: Ich würde Ihnen ja gerne helfen, aber unsere Leser haben wenig Interesse an Justizreportagen, außer bei ganz starken Fällen. Sie müssen verstehen, Herr Meyer, wir müssen uns nach den Wünschen der Öffentlichkeit richten, sonst geht unser Blatt pleite.

Gef.: Also so ist das. Dann müsste ich mich direkt an die Bevölkerung wenden?

Jo: Das wär 'ne Idee.

Vorhang.

Sechster Akt

Gef.: Sie, meine verehrten Vertreter des Bürgervereins, wählen die Politiker und entscheiden damit indirekt über die Gesetze unsere Staates.

Otto N.: Ach, die da oben machen sowieso, was sie wollen. Darauf hat der kleine Mann keinen Einfluss. Und wenn ich einen Leserbrief an eine Zeitung schreibe, landet der sowieso im Papierkorb.

Gef.: Bitte reden Sie nicht so daher. Schauen Sie doch, wie sehr ich leiden muss – für nichts! Ich brauche Hilfe!

Otto N.: Deutschland ist gottlob keine Bananenrepublik. Wenn ein Häftling wirklich mit großer Wahrscheinlichkeit unschuldig ist, wird der Staat ihm selbstverständlich entgegenkommen.

Gef.: In welcher Form?

Otto N.: Na, Vollzugslockerungen natürlich, zum Beispiel kurzfristige Verlegung in den Offenen Vollzug. Herr Meyer, darüber sollten Sie mal mit Ihrem Abteilungsleiter sprechen.

Vorhang.

Joachim Weigold

Ferien im Luxushotel „Gitterle"

Nachdem mir von oberster Stelle ein langjähriger Zwangsurlaub verordnet worden war, stellte sich mir nun die Frage, in welchem Hotel ich meinen Urlaub verbringen sollte. Ich entschloss mich für ein Etablissement weitab vom Massentourismus. Um abenteuerlustigen Nachahmern diesen Urlaubstipp etwas schmackhaft zu machen, habe ich diesen Bericht verfasst.

Schon bei der Buchung merkt der reiseerfahrene Fachmann, dass es sich hierbei um einen Urlaub der besonderen Art handelt. Man bekommt zu jeder Jahreszeit sofort ein Zimmer und es gibt generell nur Vollpension. Außerdem spart man sich die lästige Anzahlung bei der Buchung und die Restzahlung bei Reiseantritt, denn hier wird erst am Ende abgerechnet. Der Anreisetransfer erfolgt in hoteleigenen Reisebussen, die nicht nur schön aussehen, sondern auch extrem sicher erscheinen. Man wird nicht von einem Fahrer alleine abgeholt, sondern bei jedem Transfer ist auch gleich ein Reisebegleiter dabei. Obwohl man es den beiden nicht ansieht, finden sie den Weg ins Hotel sofort.

Am Urlaubsort angekommen bestätigte sich meine Vorfreude bezüglich des Ambientes. Das Hotel erweckte in mir einen herrschaftlichen Eindruck und ich bemerkte sofort: Hier ist der Gast noch König. Es war ein großer rustikaler Bau mit riesigen stabilen Eingangstüren und einer breiten, langen Zufahrt. Mein Eindruck, etwas besonderes zu sein, wurde noch verstärkt, als ich die unzähligen Hotelangestellten sah, wie sie in ihren lustigen grünen Uniformen umherirrten. Ich wusste ganz sicher: „Hier bist Du richtig, hier willst Du sein."

Nachdem der Reisebus auf dem stark gesicherten Parkplatz abgestellt war, ging es zum Einchecken an die Hotelrezeption. Dort wurde ich besonders nett auf die Hausordnung hingewiesen und auch hier be-

merkte ich sofort, dass die Angestellten extrem gut geschult sein mussten. Ich wurde fotografiert und meine persönlichen Daten wurden im
Hotelcomputer erfasst. Schon kurz danach erhielt ich meine individuelle
Clubkarte mit Bild. Daran erkannte ich sogleich, dass man hier offensichtlich ein riesiges Freizeitprogramm nutzen konnte und die ausge-
händigte Karte mir Tür und Tor öffnen würde. Doch als einer der Hotelangestellten in seiner schmucken Uniform vor mich trat und in einem
höflichen, aber bestimmenden Ton verlangte, dass ich mich nackt ausziehen sollte, dachte ich zuerst, ich hätte versehentlich einen FKK-Ur-
laub gebucht. Meine Zweifel verflogen aber sehr schnell, als man mir
nach einer kurzen Darmeinsicht die offizielle Clubbekleidung reichte.
Es handelte sich um todschicke Designermode, die durch ihre Lässigkeit
und die gewollte Unpässlichkeit dem Auge des Betrachters schmeichel-
te.

Nun endlich war ich ein ganzer Hotelgast, und ich war bereit, den
Weg auf mein Zimmer anzutreten. Da der Hotelkomplex in mehrere
Flügel eingeteilt war, wurde ich von einem persönlichen Gästebetreuer
abgeholt und auf meine Suite gebracht. Trotz der Größe dieser First-
Class-Unterkunft erstaunte mich doch die Ruhe, welche auf den Gängen vorherrschte . Ich begegnete nur ab und zu einem der Angestellten
in seinem drolligen Outfit, ansonsten bekam ich keine anderen Hotelgäste zu Gesicht. An meinem Hotelzimmer angekommen, bemerkte ich,
dass auch hier die Sicherheit der Gäste eine Priorität hatte. Eine schwere, feuersichere Stahltür verbarg ein Kleinod der Einrichtungskunst. Die
schlichte Innenausstattung des Raumes ließ mein Herz gleich höher
schlagen. An den Wänden und dem Boden der Unterkunft sah man deutlich, dass hier schon Könige gewohnt haben mussten. Der uniformierte
Begleiter murmelte diskret: „Um 11.00 Uhr gibt es Essen", und machte
die Zimmertüre lautstark hinter sich zu. Dass er die Tür sogleich hinter
sich verschloss, irritierte anfänglich schon ein wenig, aber man war
schließlich um die Sicherheit jedes Gastes stets bemüht.

Ich setzte mich an den in der Ecke stehenden Tisch und erkannte
erst jetzt die wahre Genialität des Raumausstatters. Man konnte von
jeder beliebigen Stelle des Raumes aus jeden Winkel erreichen, ohne
dafür aufstehen zu müssen. Nun wollte ich auch gleich wissen, wie die
Schickeria sich bettet, und probierte die stabile Bettkonstruktion aus.

Ich lag wie auf Wolken aus Dunst und kaltem Rauch, nur nicht ganz
so weich, was wohl daran lag, dass die dünne, ergonomische Matratze
an vielen Stellen mit dem Holzbrettboden verschmolz. Jedenfalls hatte
man an alles gedacht, was gesund macht. So gebettet ertappte ich mich

dabei, dass ich mich schon jetzt wie zu Hause fühlte. Pünktlich um 11.00 Uhr ging die Zimmertür auf, und man rief zum Lunch.

Wer nun glaubt, man müsse den lästigen Weg in den Speisesaal zurücklegen, der irrt gewaltig. In diesen Hallen wird man richtig verwöhnt. Das Essen wird auf deinem Zimmer serviert und ein Heer von Kellnern wuselt auf den Gängen umher. Damit man in aller Ruhe sein feudales Mahl genießen kann, bekommt jeder Gast seine lukullische Köstlichkeit in silbernen Töpfen kredenzt. Danach wird die Zimmertür wieder galant ins Schloss geworfen und man kann in aller Abgeschiedenheit schlemmen. Wer starke Nerven hat, kann sich zuerst an dem optischen Erscheinungsbild des Festmahls satt sehen. Aber Liebhaber des Extremurlaubs gehen noch ein Stück weiter, denn als richtig hart gesottene Gäste essen sie sogar davon. Und der Gourmet wird erkennen, dass der Küchenchef ein wahrer Meister der Kochkunst sein muss. Aus so vielen hochwertigen Zutaten ein solch minderwertiges Mahl zu zaubern, ist nobelpreisverdächtig. Schon nach etwas 10 Minuten wird der Gaumenschmaus schlagartig beendet, da die silbernen Töpfe wieder eingesammelt werden müssen. Nun hat man ausgiebig Zeit, um sich zu erholen und auf seiner Hotelsuite umher zu wandeln.

Um etwa 14.00 Uhr endet die Siesta und die Freizeitveranstaltungen nehmen ihren Lauf. Durch die hoteleigene Radiostation erhält man die nötigen Informationen zur sportlichen Betätigung. Außer dem Stabhochsprung wird fast jede Sportart angeboten. Man wird von den Hotelangestellten an die Sportstätten verbracht und ist zuerst von deren stadionmäßigen Ausmaßen beeindruckt. Auch hier hat das Hotelmanagement keine Mühen und Kosten gespart, um den Aufenthalt zu einem Ereignis werden zu lassen.

Wer sich nun die Zeit nimmt, erst einmal die Sportstätte zu umrunden, wird feststellen, welches internationale Flair dieses Hotel doch ausstrahlt. Man könnte den Eindruck gewinnen, im Olympischen Dorf unterwegs zu sein. Gäste aus aller Herren Länder geben sich hier ein Stelldichein. Das Erstaunlichste jedoch ist die minutiös getimte Abwicklung der gesamten Aktivitäten. Innerhalb einer einzigen Stunde werden hier alle Sportarten abgewickelt, und dies ist eine organisatorische Meisterleistung der Hoteldirektion. Selbst das Fehlen der üblichen Animateure schmälert diesen rekordverdächtigen Umstand keineswegs. Dass die Erholung tatsächlich oberste Priorität hat, erkennt man daran, dass man sich bereits nach 65 Minuten wieder auf seinem Zimmer befindet und dort auch bleibt.

Wer durch den Sport noch nicht ausgelastet ist, der kann natürlich an den täglich stattfindenden Workshops teilnehmen. Auch hier hat man eine Vielzahl von Beschäftigungsmöglichkeiten: Ob künstlerisch-kreativ oder einfach nur ordinär-handwerklich, dem individuellen Geschmack wird entsprochen. In den Hotelwerkstätten stehen viele äußerst kompetent erscheinende Kunsthandwerker zur Verfügung. Man erkennt sie nicht nur an ihren grauen, schweißgetränkten Kitteln und ihren intellektuellen Gesichtsausdrücken, sondern auch an ihrer schlaffen Körperhaltung. Offenbar sind sie durch die täglich geforderte Kreativität erschöpft. Wer nun glaubt, diese Künstler könnten ihr Handwerk nicht weitervermitteln, der irrt auch. Diese Professoren der Arbeitskunst haben den Begriff der Tätigkeit vollkommen neu erfunden. Die meisten Hotelgäste können in der freien Marktwirtschaft die gelernten Handgriffe und Feinheiten zwar nie mehr anwenden, aber es genügt zu wissen, dass es solche Chirurgen des Handwerks überhaupt gibt.

Nach so viel geistiger und sportlicher Betätigung sollte man seinem Körper etwas Gutes tun, und ein Besuch im Welleness-Center bietet sich geradezu an. In dem groß angelegten Badeparadies trifft sich die High Society zum gemeinsamen Duschen. In der 40-Personen-Duschkabine sollte einem die Seife niemals entgleiten. Die zur Verfügung stehenden wenigen Minuten sind wie im Fluge verronnen und Sie können sich nach einer weiteren Relaxphase auf den Abend vorbereiten. Nun heißt es „sehen und gesehen werden", was auf der Flaniermeile des Hotelkomplexes kein Problem sein dürfte. Wer sich auf die Königsallee der Entspannung begibt, wird sich sicherlich fragen, wie es möglich ist, so viele Cafés, Bars, Spielhallen, Restaurants und andere Lusttempel auf so geringem Raum zu vereinen. Der Kenner der Tourismusbranche wird sofort zustimmen: Das Hotelmanagement hier ist unvergleichbar flexibel und weiß immer, was der Gast gerade braucht. Wenn Sie nun nach einigen Stunden der Intensiverholung in ihre Hotelsuite zurückkehren, sind Sie richtig froh darüber, dass es erst kurz nach 21.00 Uhr ist. Jetzt haben Sie genügend Zeit, das Erlebte zu verarbeiten und sich auf den nächsten Tag zu freuen. Dieser beginnt um 6.00 Uhr morgens mit der Lebendkontrolle durch das fürsorgliche Hotelpersonal, welches Sie dann zum nächsten Workshop begleitet.

Wem ich nun dieses ausgefallene Urlaubsziel nicht schmackhaft machen konnte, der soll seinen nächsten Urlaub wie gewohnt als Pauschaltourist auf Mallorca verbringen.

Faris Abu-Naaj

Lebendkontrolle

Tarek sitzt in seiner dunklen „Doppelzelle" und denkt nach. Darüber, was er da gerade am schwarzen Brett gelesen hat, in den zwei Minuten zwischen dem Ende der Freistunde und dem erneuten Einschluss.

„Ein Literaturpreis", denkt er, „haben die da draußen denn keine anderen Sorgen? Sie schreiben von sich ständig verschlimmernden Haftbedingungen und der fehlenden Notiz durch die Öffentlichkeit. Was wissen die denn überhaupt? Wer von denen, die diesen Zettel entworfen haben, war denn überhaupt schon mal im Knast? Wer von denen weiß, wie es ist, wenn man nachts durch Gitter schaut, auf eine Mauer, die selbst die Gedanken gefangen hält?!"

Er schaut rüber zu Abbet, seinem Zellengenossen:

„Hast du diesen Zettel gelesen über diesen Literaturpreis?"

„Ja, habe ich."

„Und?"

„Na ja, ich fand es irgendwie lustig!"

„Lustig?"

„Ja, die schreiben, weil man nicht schreien kann, soll man schreiben, oder so ähnlich!"

„Was ist daran denn lustig?"

„Nun, es stimmt nicht. Denn es ist ja wohl so, dass du doch schreien kannst! Es interessiert nur keine Sau!"

Tarek blickt durch dieses verdammte Gitterfenster und denkt sich: Eigentlich hat Abbet Recht. Es interessiert nur keinen!

Erinnerungen ziehen durch seinen Kopf. Erinnerungen an einen brüllend heißen Sommer 2003 und an die brüllend heißen Zellen. An die hundert Kollegen, die am Fenster standen, weil sie vor Hitze fast erstickt waren und man an Schlaf nicht denken konnte. Auch da haben viele geschrien und keinen hat es interessiert! Da draußen jubelte die Presse und feierte den „Jahrhundertsommer" und hier drinnen stank man vor Schweiß, weil man sich nur zwei Mal in der Woche duschen durfte.

All das geht ihm durch den Kopf, und wie er sich so seine Gedanken macht, begreift er, dass es wohl zwei Welten geben muss und so ein Literaturpreis vielleicht dazu dienen soll, diese beiden Welten miteinander zu verbinden oder zumindest einander etwas näher zu bringen.

Seine Gedanken werden jäh unterbrochen, als er das vertraute Knacken des Türschlosses hört und die Zellentür auffliegt: Umschluss! Umschluss, das sind diese paar Stunden Zeit, in denen man sich zu einem Kollegen auf die Zelle schließen kann und zumindest vorübergehend zu Dritt oder zu Viert ein Stück Normalität erlebt. Normalität, das heißt Kaffee trinken, reden, sich gegenseitig die Post vorlesen und vielleicht etwas kochen – wenn man das Glück hat, von den wenigen Kochplatten eine zu bekommen. Ein kleines Stück von da-draußen hierdrinnen!

Wie immer weiß er, in welche Zelle er zu gehen hat, und wie immer trifft er da dieselben Drei. Dirk, Peter und Tobi sind in den vergangenen sieben Monaten feste Bezugspunkte im tristen Knastleben geworden. Eine kleine Gruppe von Menschen, die verschiedener nicht sein können, aber genau deshalb für ihn so wertvoll sind. Gewalt, Drogen und Betrug, alles vorhanden und irgendwie auch ein Spiegelbild der Welt hier drinnen. Eine Gruppe von Menschen, die vollkommen unterschiedliche Vorstellungen von der Zukunft haben und auch die Vergangenheit anders bewerten. Aber auch eine kleine Gruppe, die zuhört und die Meinung der anderen respektiert. Gerade Respekt bekommt man hier viel zu wenig und wenn, dann häufig von den falschen Leuten!

Hinter ihm fällt die Zellentür zu und der Beamte, der ihn eben noch grimmig gemustert hat, schließt sie von außen zu. Natürlich von außen, denn die Beamten gehören ja auch eigentlich in die Welt da draußen und sind nur stundenweise hier drinnen, weil sie ihre Brötchen damit verdienen müssen.

Nachdem er sich aufs Bett neben Dirk gesetzt hat, beginnt die Prozedur, die jeden Tag gleich ist. Vier Henkeltassen werden mit Instantkaffee gefüllt, genau ein Teelöffel pro Tasse, denn, wie Dirk immer zu sagen pflegt, Kaffee und Tabak sind hier drinnen so wertvoll wie Gold. Dirk hat die Gabe, gewisse Dinge knapp, aber treffend zu beschreiben. Der hagere, ein Meter neunzig große Mann, in dessen Einzelzelle sich die Vier immer treffen. 10 Monate Knast hat Dirk schon „ab“ und seit zwei Wochen weiß er, dass es wohl noch 24 mehr werden. 24 weitere

Monate, in denen er von seiner Frau und der siebenjährigen Tochter getrennt ist. Verbunden nur durch drei Besuche im Monat von jeweils einer Stunde. 24 weitere Monate, in denen ihre Beziehung zu zerbrechen droht, weil sie in unterschiedlichen Welten leben müssen. Dirk weiß, dass er sich das mit ein paar Drogengeschäften selbst eingebrockt hat, erträglicher wird es dadurch jedoch nicht.

Peter stöpselt den Tauchsieder aus und schüttet das kochende Wasser in die Tassen. Dabei achtet er peinlich genau darauf, dass keiner zu kurz kommt. Ein etwas untersetzter, mittelgroßer Mann mit Halbglatze und aufbrausendem Temperament. Wenn man hinter die Fassade schaut, ein liebevoller Vater, der da draußen immer hart gearbeitet hat und der hier drinnen für jeden ein offenes Ohr besitzt.

„Habt ihr auch den Zettel gelesen wegen diesem Literaturpreis?", fragt Tarek in die Runde, und alle gucken sich schweigend an. Sekundenlange Stille in Zelle 209.

Es ist Peter, der die Stille durchbricht: „Ja, habe ich und ich finde das klasse. So können wir Knackis auch mal zeigen, dass wir was drauf haben!"

„Hast du gelesen, was den Gewinnern blüht?", fragt Dirk mit einem betont lässigen Gesichtsausdruck.

„Ja klar", antwortet Peter, „die Gewinner nehmen an einer Preisverleihung irgendwo da draußen teil."

„Genau", Dirks lässiger Gesichtsausdruck formt sich zu einem breiten Grinsen: „Für ein paar Stunden machen sie einem wieder Appetit auf die Welt da draußen, und wenn man anfängt es zu genießen, sperren sie dich wieder weg!"

„Na und?" Peters Stimme wird lauter: „Warst du es nicht, der am lautesten geschrien hat und sich ständig darüber beklagt, dass man hier vergessen wird? Jetzt wird da draußen was getan und dir passt es auch wieder nicht!"

Peters Kopf bekommt langsam Farbe und er stellt sich auf.

So ist es, wenn Peter sich aufregt. Dann hat man das Gefühl, es würde ein Blitz in ihn hineinfahren. Tarek stört das nicht, ganz im Gegenteil, er bewundert ihn für sein Engagement, das er immer dann zeigt, wenn ihm etwas besonders wichtig ist.

„Ich habe mit Sicherheit keinen Literaturpreis gemeint, sondern eher wirklich wichtige Dinge – Dinge wie abgetrennte Toiletten, größere Zellen, jeden Tag duschen. Du weißt, was ich meine, die wichtigen Dinge halt, die hier jeden interessieren!", kontert Dirk und zeigt sich sichtlich genervt über ein Thema zu sprechen, das ihn nun wirklich gar nicht interessiert.

Peter bemerkt die angespannte Stimmung und statt nachzuhaken, setzt er sich auf seinen Stuhl und schaut in Richtung Fernseher.

Die Vier haben schon oft erlebt, dass man sich für einen Pack Tabak die Köpfe einschlägt oder sich gegenseitig „verzinkt".

Sie gehen einem Streit um nichts lieber aus dem Weg und vermeiden in den nächsten drei Stunden das Thema „Literaturpreis". Zu viele andere Themen sind da, die helfen, den Umschluss unterhaltsamer zu gestalten. Und so reden sie über Erlebnisse aus besseren Zeiten „da draußen" und über Neuigkeiten aus dem Knastalltag.

Bis, ja bis die Riegel sich um Punkt 21 Uhr wieder öffnen und die Tür auffliegt und Tarek zurück in seine Zelle gehen muss. Die paar Minuten zwischen „Umschlussende" und dem „Einschluss" in seine Zelle gehören zu den Augenblicken, die er am meisten mag. Wie immer schlendert er den schmalen oberen Gang lang und schaut durch das Gitternetz nach unten. Ein Stimmengewirr aus russisch, türkisch und deutsch. Dutzende von Knackis, die noch schnell versuchen, etwas Tabak zu bekommen, oder eine Nachricht an jemanden los werden wollen. Beamte, die hektisch um Überblick bemüht sind, laut schreien, sobald auf der Zelle jemand fehlt, den sie gerade verschließen wollen. Es ist, als verwandle sich der abartig sterile Gefängnisgang mit seinem grau düsteren Waschbetonboden für diese paar Minuten in einen lebhaften, geschäftigen Basar. In diesen paar Minuten kann man mehr Leben, mehr Eindrücke aufsaugen als manchmal an einem ganzen Tag.

Tarek bleibt vor seiner Zelle stehen und beobachtet den Beamten, wie er Zelle für Zelle zuschließt und immer näher kommt. Und mit jeder Zelle, die sich schließt, nimmt auch die Anzahl der Stimmen und Geräusche ab, die dem Flur für ein paar Minuten Leben verliehen hat. Kurz bevor der Beamte seine Zelle erreicht, geht Tarek hinein und legt sich aufs Bett. Nach einigen Sekunden betritt auch Abbet die Zelle und stellt sich ans Fenster.

Der Beamte verschließt die Tür zum „Nachtverschluss".

Abbet dreht sich eine Zigarette und zündet sie an. „Weißt du", fragt er nachdenklich, „wie die Schließer es nennen, wenn sie morgens die Zelle aufschließen und du deine Anträge und die Post abgibst und dein Frühstück bekommst?"

„*Lebendkontrolle*", antwortet Tarek im Bewusstsein, warum Abbet ihn dies fragt.

„Genau, Lebendkontrolle, und weißt du, ich bin jetzt drei Monate hier und höre das heute zum ersten Mal. Bisher hieß das für mich immer

noch Frühkostausgabe und das Wort find ich schon hart! Aber Lebendkontrolle, das klingt wie eine Inventur, als seien wir einfach nur hohle
Körper, die jeden Morgen abgezählt werden."

„Na ja, glaubst du denn, wir sind für den einen oder anderen Beamten sehr viel mehr?"

Abbet schaut raus und weiß, dass sein Zellengenosse wohl Recht
hat.

Tarek fährt fort: „Sicher ist das pervers, Abbet – alleine schon dieses
Wort, aber weißt du, wann ich begriffen habe, dass uns viele Schließer
nur als leere Hüllen sehen? Das war an dem Tag, als sich der Professor
die Pulsadern aufgeschnitten hat!"

Abbet weiß sofort, worauf er hinaus will. Erst vor kurzem hat sich
ein grauhaariger, gepflegter Mann, der gerade mal eine Woche in Untersuchungshaft war, in seiner Zelle das Leben genommen. Obwohl er in
einer dieser Beobachtungszellen untergebracht war, fand man ihn erst,
als man zur Mittagskostausgabe seine Zellentür öffnete. Da lag er in
einer großen Blutpfütze. Er hatte mit fast niemandem geredet und war
den meisten aus dem Weg gegangen, die mit ihm reden wollten.

Es war Peter, der ihm im nachhinein den Spitznamen Professor gegeben hat, weil er halt so aussah wie einer, der hier nicht rein gehörte
und der da draußen wohl sehr viel Besseres gewohnt gewesen war. Es
war auch Peter, der sich nach seinem Tod die meisten Vorwürfe machte,
weil er ihn damals nicht angesprochen hatte. Vielleicht, so seine Meinung, wäre er sonst noch am Leben.

Den Beamten, der ihn gefunden hatte, schien der Tod des Profes-
sors weit weniger zu beschäftigen. Er stand zwei Tage später wieder
grinsend im Gang und machte die Leute an, weil sie im Gang rauchten.
Mit keiner Geste, mit keinem Wort ließ er eine Reaktion darauf erkennen, dass sich da zwei Tage vorher ein Mensch das Leben genommen
hatte, weil er einfach nicht mehr weiter wusste oder wollte.

Es ist genau dieser Beamte, den Tarek vor Augen hat, als er fort-
fährt: „Als der Müller pfeifend über den Gang lief und mit den anderen
Schließern über die Fußballergebnisse quatschte, da war mir klar, dass
wir zumindest für den nur irgendwelche leere Hüllen sind, die man jeden Morgen durchzählt."

Er beobachtet Abbet und alleine sein tiefes Inhalieren des Zigaretten-
rauchs und sein starrer Blick nach draußen signalisieren ihm, dass dieses
Thema seinen Zellengenossen richtig mitnimmt.

Abbet blickt hinunter auf den Freistundenhof, der jetzt einzig und
allein von dem grellen, gelben Licht erleuchtet ist, das in der Nacht die

ganze JVA bestrahlt und alles irgendwie unwirklich aussehen lässt. Er greift in eine Plastiktüte, die direkt am Fenster steht, und angelt sich zwei Scheiben trockenes Brot heraus. Stück für Stück reißt er die Scheiben auseinander und wirft sie durch das Gitter nach draußen. Unten hört er schon Sekunden später das laute Schnattern der Enten, die immer abends anrücken, weil sie wissen, dass viele der Knackis sie mit Essensresten und Brot füttern.

Während er die Enten beobachtet, wie sie hastig jedes einzelne Stück Brot aufpicken, fährt er fort: „Lebendkontrolle – wie krank und unmenschlich ist ein System, welches das morgendliche Wecken so nennt?!"

Abbet schließt das Fenster und schaltet die Neonbeleuchtung in der Zelle an.

Aus seinem Schrank holt er ein paar leere Zettel und zwei Umschläge. Er setzt sich an den Tisch, und während sein Zellenpartner im Fernsehprogramm rumzappt, fängt er an einen Brief zu schreiben. Wie so oft schreibt er an seine Frau, die ihm versprochen hat, auf ihn da draußen zu warten, und zu der er hier drinnen ein noch intensiveres Gefühl entwickelt hat, als er es draußen schon hatte.

Abbet war nie ein Beziehungsmensch und draußen hatte er lieber mit Freunden abgehangen, als etwas mit seiner Frau zu unternehmen. Diese Freunde besuchen ihn jetzt nicht mehr, aber seine Frau hält trotz der hohen Mauern weiterhin zu ihm.

Die Gefängnismauern trennen manchmal auch die wichtigen Menschen von den unwichtigen. Und wichtig sind die, die einen nicht vergessen! Von diesen wichtigen ist nur seine Frau übrig geblieben – das hat er mittlerweile begriffen. Sie ist es auch, die ihn drei Mal im Monat besuchen kommt für jeweils eine Stunde. Mehr ließ die Gefängnisleitung nicht zu. Drei Mal eine Stunde, in der sie ihm nahe ist und von der Welt da draußen immer etwas erzählt.

Tarek zieht sich aus und geht zum Waschbecken. Er dreht das kalte Wasser auf und macht sich fertig für die Nacht. Als er einschläft, schreibt Abbet immer noch. Über ein erlebnisarmes Leben in der Justizvollzugsanstalt und die Kleinigkeiten, die ihm hier passieren. Aber auch über das, was er gemeinsam mit seiner Frau noch erleben will, wenn er draußen ist. Seine Sehnsucht etwas zu erleben wird von Tag zu Tag stärker.

Mit einem lauten Krachen des Zellenschlosses wird Tarek am Morgen aus dem Schlaf gerissen. „Stufe Eins", denkt er sich und meint damit die immer selbe Prozedur des Weckens. Der zuständige Beamte schließt den Riegel der Zellentür nur um eine halbe Drehung auf und der Metallriegel kracht in die Türschiene. Die Zellentür bleibt noch verschlossen, allerdings sorgt dieses Geräusch dafür, dass diejenigen, die in der Zelle sind, geweckt werden.

Während Abbet oben im Bett liegen bleibt und weiter schläft, steht Tarek auf und wäscht sich mit eiskaltem Wasser die Nacht aus dem Gesicht, putzt sich die Zähne und zieht sich seinen Trainingsanzug an. Er ist gerade fertig, als schon die Zellentür auffliegt. Ein kurzer musternder Blick durch die Zelle und schon gibt der Beamte den Türrahmen wieder frei für den Hausarbeiter, der den Wagen an jeder Zellentür vorbeischiebt, den Tee und die Butter vorbeibringt, die man hier drinnen unter der Bezeichnung „Panzerfett" kennt.

Alles, jetzt, in diesem Moment ist klar strukturiert und weicht nicht von der Prozedur am Vortag ab: Panzerfett und Tee annehmen, die Post in den Holzkasten auf dem Wagen stecken, Anträge in den zweiten. Dann geht die Zellentür wieder zu und bis zum Mittagessen auch nicht wieder auf. Dies, so empfindet es Tarek, ist eigentlich die schlimmste Zeit des ganzen Tages. Das Fernsehprogramm eine Katastrophe, die Zelle noch dunkel, die Gedanken eine Achterbahn zwischen Hoffnung und Frust.

Aber er spürt: Irgend etwas heute Morgen ist anders und Tarek weiß auch sofort, was es ist! Der Gedanke an diesen Literaturpreis hat ihn immer noch nicht los gelassen. Er fragt sich, wie viele wohl an dem Literaturpreis teilnehmen und was die Menschen dazu treibt? Ist es Langeweile oder eher Ambition? Frust oder das Bedürfnis sich mitzuteilen?

Es ist wohl etwas von allem.

Die da draußen haben häufig gar nicht die Möglichkeit, diese Welt hier kennen zu lernen. Tarek erinnert sich an eine kurze Rede in der Kirche und den Kernsatz:

„Wer noch nie aus dem Blechnapf gegessen hat, kann nicht mitreden!"

Mit Blechnapf war die Metallmenage gemeint, in der jeder einzelne Häftling sein Mittagessen bekommt. Ein Tablett aus Metall mit Deckel.

Der Satz hat sich in sein Gedächtnis eingemeißelt. Vielleicht lassen die Häftlinge, die von der Situation hier drinnen schreiben, die da draußen nur einmal mit „aus dem Blechnapf essen". Vielleicht reicht das ja aus, damit die da draußen mehr von dieser abgeschlossenen Welt verstehen und sich etwas mehr engagieren.

„Das ist es", denkt sich Tarek, und während der Hausarbeiter anfängt, draußen auf dem Freistundenhof den Müll aufzusammeln, den

Knackis in der Nacht rausgeworfen haben, greift er sich ein paar Blatt Papier und fängt an zu schreiben.

Nachwort

Sabine Boshamer

Ingeborg Drewitz' Engagement für die Gefangenenliteratur[1]

I. Der Ausgangspunkt

„*Endlich der Aufruf. Ein junger Mann in Zivil, der mich begleiten soll, holt mich, ich passiere den Kontrolltisch. Aufschließen. Zuschließen. Vorbei an den gewöhnlichen Warteräumen. Aufschließen. Zuschließen. Ich bin im Innern des Traktes. Stahlgespinste. Das Übliche. Der Warteraum gleich linkerhand. Heinrich Jansen erwartet mich schon, neben ihm der uniformierte Beamte, mein Begleiter nimmt ihm gegenüber Platz. Seltsam, in diesem schmuddeligen, schlecht erleuchteten Raum wirkt Heinrich Jansen hell. Steht auf, schüttelt mir die Hand. Offenes, intelligentes Gesicht. Ich will die Blumen auswickeln. Der uniformierte Gefängnisbeamte sagt, dass Blumen nicht mitgebracht werden dürfen. Der Begleiter ohne Uniform sagt, dass er das auch nicht gewusst habe. Kurze Introduktion. Die Zahngeschichte, dann Fragen und Antworten, ununterbrochen in den 20 Minuten. Der Uniformierte macht Notizen oder Kringel, das kann ich nicht genau erkennen. Genau nach zwanzig Minuten sagt er: ‚Die Sprechzeit ist abgelaufen.' Ohne Zeichen von Aufmerksamkeit. Ein Uhrwerkmensch. Flankiert von zweien werde ich aus dem Innern des Trakts geführt. Aufschließen. Zuschließen. Vorbei an den vor den Sprechzimmern wartenden Betreuern der normalen Untersuchungshäftlinge. Aufschließen. Zuschließen. Am Kontrolltisch die Blechmarke 15 abgeben.*"[2]

Die Zeilen stammen aus dem Text *Einzelhaft*, einem Gedächtnisprotokoll, das Ingeborg Drewitz nach ihrem Besuch am 15. März 1974 bei dem in Berlin-Moabit inhaftierten Heinrich Jansen anfertigte und zuerst in der Mai-Ausgabe des *Merkur*[3] veröffentlichte. Jansen, der zum terroristischen Umfeld der Roten Armee Fraktion (RAF) gezählt wurde,[4] hatte zu diesem Zeitpunkt schon 3½ Jahre in streng isolierter Untersuchungshaft verbracht, d.h. es hatte keinerlei Kontakt mit den übrigen Häftlingen der Anstalt gegeben, zudem wurde in dieser Zeit sein nächtlicher Schlaf regelmäßig im Abstand von zwei Stunden durch Einschalten des Deckenlichts gestört. Diese ,Sonderbehandlung' Heinrich Jansens war kein Einzelfall, sondern kam im unterschiedlichen Maße allen Gefangenen aus der RAF ,zugute'.[5] Bereits mit zwei Hungerstreiks – Ende 1972 und im Mai/Juni 1973 – hatten die Isolierten[6] im Verbund mit ,normalen' Häftlingen auf ihre Haftbedingungen aufmerksam gemacht.

Von den 38 Autoren des PEN-Zentrums, die sich im Herbst 1973 per Unterschrift bereit erklärten, sog. Politische in den Justizvollzugsanstalten der Bundesrepublik und Westberlin zu besuchen, um die seelischen und körperlichen Folgen einer ungewöhnlich langen Untersuchungshaft und insbesondere der Isolation – oder, im Beamtendeutsch, ,Absonderung' – zu ermitteln, erhielt Drewitz als erste eine Besuchserlaubnis. Der 15. März 1974, also der Tag ihres Besuches im Gefängnis Alt-Moabit, kann als Initiationsdatum eines unermüdlichen und bemerkenswerten Einsatzes für die soziale Gruppe der Gefangenen bis zu ihrem Tod 1986 gelten.

Vergegenwärtigen wir uns noch einmal ihre Eindrücke von dem Besuch, ihre Beschreibung der Monotonie, der ,totalen Institution' (Goffman) Gefängnis: Aufruf – Kontrolle – Aufschließen, Zuschließen – hastiges Fragen und Antworten – exakt 20 Minuten bleiben für ein Gespräch zwischen Fremden, Menschlichkeit bleibt weitgehend ausgespart, Blumen sind verboten. Im Blickpunkt der Besucherin Drewitz steht nicht die terroristische Tat, sondern der Mensch Heinrich Jansen – „hell", „offenes, intelligentes Gesicht" und „blaue Augen", die gefangen nehmen – in seiner Bedürftigkeit und in seinem Leiden unter den Haftbedingungen.[7] Um so stärker setzt sich der Eindruck eines unmenschlichen Umfelds und einer entwürdigenden Prozedur sowohl für den Besuchten als auch für die Besucherin fest. Dagegen richtet sich fortan das Engagement von Ingeborg Drewitz: gegen die Reduktion des Menschen auf ein verwahr- und verwaltbares Objekt, gegen die Sonderbehandlung von ,politisch motivierten' Gefangenen, gegen eine überlange Untersuchungshaft, gegen jahrelange soziale und sensorische Deprivation.

Zunächst werde ich eine Rekonstruktion des Engagements von Ingeborg Drewitz vornehmen, wobei es sich um einen ersten Versuch handelt, der keinesfalls einen Anspruch auf Vollständigkeit erhebt, um in einem zweiten Teil der Frage nach ihren persönlichen Motiven nach-zugehen.

II. Ein Rekonstruktionsversuch

Ende Oktober 1974[8] nahm Ingeborg Drewitz an einem viertägigen Solidaritäts-Hungerstreik von Studenten und Schriftstellern[9] in den Räu-men der Evangelischen Studentengemeinde in Berlin-Charlottenburg teil, um auf die Situation in den Haftanstalten in West-Berlin und der Bundesrepublik aufmerksam zu machen, insbesondere auf die Isolati-onshaft und Untersuchungsmethoden bei ‚politischen' Gefangenen, vornehmlich der RAF, wodurch grundgesetzwidrig die Menschenrech-te verletzt wurden. Anlass war der bis dahin schon fünf Wochen ohne Beachtung seitens der Medienöffentlichkeit andauernde Hungerstreik von Inhaftierten, zu dem Ulrike Meinhof am 13. September 1974 aufge-rufen hatte – während des Gerichtsprozesses in Berlin-Moabit zur Fra-ge ihrer Beteiligung an der Andreas Baader-Befreiung im Jahr 1970.[10] In ihrem unveröffentlichten Bericht *Warum haben Sie da mitgemacht? Erfahrungen in und mit der Gruppe Hungerstreik in Berlin*[11] benennt Drewitz als persönliche Gründe für ihre Teilnahme: die Überprüfung des Falles Heinrich Jansen und ihre daraus resultierende Beschäftigung mit dem Strafvollzug sowie das Desinteresse der Öffentlichkeit an den Vorgängen hinter den Gefängnismauern. Sie distanziert sich deutlich von den Aktivitäten der Baader-Meinhof-Gruppe, „weil sie die Demo-kratie geschwächt haben", nimmt jedoch den Aufruf Ulrike Meinhofs als Versuch ernst, „die Randzonen der Demokratie im Strafvollzug aus-zuleuchten". Sie stimmt mit ihr darin überein, dass es in der Haft nicht zweierlei Maß für ‚politisch' und ‚nicht-politisch' motivierte Straftäter geben darf.[12]

Auf Initiative der Schriftstellerin Astrid Gehlhoff-Claes, die im Dezem-ber 1975 mit Hilfe privater Spenden die Aktion *Mit Worten unterwegs. Dichter lesen für Isolierte* ins Leben rief,[13] las Drewitz – neben Autoren wie Gabriele Wohmann, Hilde Domin, Rose Ausländer, Luise Rinser, Peter Härtling, Christa Wolf, Erich Fried u.a. – mehrfach in Haftanstal-ten von Nordrhein-Westfalen.[14] Durch eine Lesung in der JVA Wuppertal am 12. Februar 1976 kam dann der Kontakt und in Folge ein intensiver Briefwechsel zwischen Ingeborg Drewitz und dem Häftling Winand Buchacker zustande (März 1976–September 1977). Über den Status dieses Austauschs darf man sich nicht durch die Veröffentlichung des Briefwechsels täuschen lassen.[15] Im Drewitz-Nachlass ist die Korrespondenz mit weit über 100 Häftlingen – 109 Männer und 9 Frauen – für den Zeitraum 1973–1986 überliefert, die – obwohl nur die an Drewitz gerichteten Briefe vorhanden sind – allein neun Archiv-Kästen füllen.[16]

Zudem muss diese Zahl zumindest in Bezug auf Drewitz' Kontakte zu inhaftierten Frauen nach oben korrigiert werden.[17] Die Sichtung der Korrespondenz ergab, dass es sich bei ihren Gesprächspartnern keinesfalls nur um ‚politische‘ Häftlinge handelte, deren Haftbedingungen ja der Anlass für ihr Engagement waren. Lediglich zu drei Gefangenen, die dem Umfeld der RAF zuzurechnen sind, finden sich Briefwechsel im Nachlass: Hans Jürgen Bäcker, Horst Mahler und Hanna Krabbe.[18] Der überwiegende Teil der Korrespondenzpartner waren jedoch nicht-politische oder sog. soziale Häftlinge. Auffällig ist jedoch, dass die Mehrzahl schriftstellerische Ambitionen hegte bzw. sich schreibend betätigte. Der Kontakt kam häufig über ihre Lesungen und die anschließenden Diskussionen in den JVAs, vor allem aber auch über Mund-zu-Mund-Propaganda zustande. Die Briefe der Häftlinge enthalten in erster Linie Bitten um Hilfe und Unterstützung, sind Notrufe, die Ingeborg Drewitz – nach den im Archiv vorfindbaren Briefen zu urteilen – niemals unbeantwortet ließ. Sie half konkret-materiell mit Geld und Paketen; sie schrieb Briefe an die Behörden, schickte Eingaben und Gnadengesuche an Justizminister und Ministerpräsidenten, leistete Fürsprachen, machte ihr ganzes Gewicht als öffentliche Person, ihr symbolisches Kapital als angesehene Schriftstellerin und Vizepräsidentin des PEN-Zentrums geltend und wurde deshalb – nach dem Schneeballprinzip – um so häufiger um Hilfe angeschrieben. Sie besuchte Häftlinge und ermutigte sie direkt in der Zelle, bemühte sich um Lehrstellen; sie vermittelte in Beziehungskonflikten, suchte verzweifelte und enttäuschte Ehefrauen auf; sie ging an die Öffentlichkeit und fungierte als Herausgeberin von Gefangenenliteratur; sie lektorierte die Texte von talentiert schreibenden Gefangenen und machte ihren Einfluss und ihre Kontakte für deren Veröffentlichung geltend. Der Anblick dieser umfangreichen Briefwechsel, der zahllosen Dankschreiben für vielfach geleistete Hilfe hinterlassen die Leserin fragend und staunend darüber, was ein einzelner Mensch zu leisten fähig ist – trotz (oder gerade wegen) der Feststellung von Drewitz im Brief vom 8. April 1976 an Winand Buchacker: „Ich arbeite so hart, dass ich manchmal kaum noch Kraft habe, schlafen zu gehen. Und dabei weiß ich doch, wie wenig eines Menschen Kraft vermag."[19]

Zusammen mit Johann P. Tammen und Dieter P. Meier-Lenz konzipierte Drewitz die Ausgabe 105 der Zeitschrift *die horen* zum Thema *Knast – Strafvollzug und Resozialisierung in der BRD* von 1977,[20] die neben grundlegenden Artikeln[21] zum Strafvollzug und zur Situation der Gefangenen in den bundesdeutschen Gefängnissen Prosa, Lyrik, Grafiken und Briefe sowie Erfahrungsberichte von Inhaftierten enthält, in denen die Folgen des Strafvollzugs für den einzelnen thematisiert werden: Isolation, Entmündigung, Desensibilisierung bis hin zum Selbstmord als letzten Ausweg. Daneben werden verschiedene Gefängnis-Initiativen eingehend vorgestellt, und eine Reihe ausführlicher Buchrezensionen[22] zum Thema beschließen das Heft. In ihrem Beitrag *Kann man das ändern?*[23] benennt Drewitz, vor dem Hintergrund ihrer Eindrücke und Erfahrungen mit Gefangenen, als Hauptschwachpunkt des Strafvollzugs die in der Vollzugsreform[24] von 1976 als Ziel verankerte, aber in der Realität an eklatanten Mängeln scheiternde Resozialisierung. Da Strafgefangene faktisch eine gesellschaftlich ausgegrenzte Gruppe ohne Lobby sind, so Drewitz, bleibt Strafe noch immer das, was man längst abgeschafft glaubte: Vergeltung und Sühne. In der Konsequenz fordert sie nicht, den Strafvollzug abzuschaffen, sie bezweifelt auch nicht gänzlich die Schuld des Einzelnen, aber sie wird von ihr mit dem Hinweis auf das Versagen der Gesellschaft relativiert. Für sie ist klar, dass wir es sind, die „mit unserer Fähigkeit zur Menschenverachtung"[25] strafen. Entsprechend zielt ihr Schlussappell – „*Wir* müssen uns ändern, damit Vollzugsreformen fassen können!"[26] – auf eine humanere Gesellschaft, die die Phantasie aufbringt, „sich das Elend der einzelnen in den Zellen vorzustellen",[27] die hinschaut und auf Veränderungen drängt.

Die Ausgabe 105 des *horen*-Hefts erfuhr in der Leseöffentlichkeit, der Presse und im Funk ein derartiges Echo, dass sie kurz nach dem Erscheinen vergriffen war und eine erweiterte Neuauflage des Heftes als Eröffnungsband der *horen*-Editionsreihe zum 25. Jubiläum der *horen* geplant werden konnte.[28] Dieser erschien 1980 unter dem Titel *So wächst die Mauer zwischen Mensch und Mensch*[29] – herausgegeben von Ingeborg Drewitz und Johann P. Tammen – und wurde publikumswirksam auf dem Klappentext vom PEN-Zentrum vorgestellt, was der Einflussnahme seiner Vizepräsidentin zu verdanken war.[30] Von der Ausgabe 105 der *horen* wurde das Gros der Gefangenen-Texte übernommen und durch die Hinzunahme weiterer Gedichte und Prosa-Texte – von überwiegend denselben Autoren – nahezu verdoppelt. Fast zeitgleich gab Drewitz ihre eigene Sammlung von *Lyrik und Prosa aus dem Knast*, wie sie sich aus ihren Gefängnisbesuchen, Lesungen, Einzelgesprächen und Briefwechseln ergeben hatte, unter dem Titel *Schatten im Kalk* 1979 heraus[31] – ebenfalls präsentiert vom PEN-Zentrum der BRD.

Darüber hinaus beteiligte sich Ingeborg Drewitz mit Aufsätzen und Prosa an anderen Anthologien mit Gefängnis-Texten und setzte so gezielt ihr Renommee für die Sache ein.[32] Als Mitglied des externen Presserates der Gefangenenzeitung *Blitzlicht* der JVA Berlin-Tegel protestierte sie presse- und öffentlichkeitswirksam gegen die Blockierung der redaktionellen Arbeit des Gefangenenkollektivs durch die Justizbehörden im April 1986. Hingewiesen sei auch auf die zahlreichen Essays und Streitschriften, die sie zu den Themen Strafvollzug, Resozialisierung, Terrorismus und Folter[33] veröffentlichte, sowie auf ihre Rezensionen von Büchern, die sich mit dem Thema Gefängnis befassen oder von schreibenden Häftlingen bzw. Entlassenen stammen.[34]

Besonders am Herzen lag Drewitz das Problem der v. a. in Untersuchungshaft zahlreich auftretenden Selbstmorde, woran sich für sie am deutlichsten die negativen Auswirkungen des Strafvollzugs manifestierte. Der aufsehenerregende Fall des 30jährigen Horst Rakow, der sich im Frühsommer 1976 nach 5 Jahren strenger Einzelhaft in Berlin-Moabit mit Hilfe einer Plastiktüte das Leben nahm, veranlasste Ingeborg Drewitz[35] zusammen mit Klaus Hesper eine Hörspiel-Dokumentation mit dem Titel *Horst – eine legale Vernichtung. Grundrechte und Strafvollzug*[36] über den Selbstmord Rakows zu produzieren, die am 28.3.1977 vom RIAS Berlin gesendet wurde. Den Autoren ging es dabei nicht um die Frage, ob der Untersuchungsgefangene Rakow schuldig war oder nicht, sondern um die ‚selbstmordfördernden‘ Haftbedingungen. Dokumentiert werden der Abschiedsbrief Horst Rakows an das befreundete Ehepaar Karin und Hans Schliep,[37] seinen an die Justizbehörden gerichteten *Strafantrag*, die Aussagen seines Anwalts, die Abschiedsrede des Gefängnispfarrers, ein Mitschnitt der im November 1976 von der Humanistischen Union organisierten Gedenkveranstaltung,[38] auf der Drewitz ihre Rede *Kann man das ändern?*[39] hielt – ein Appell an das Verantwortungsbewusstsein der Gesellschaft und den Gesetzgeber, den Strafvollzug endlich zu vermenschlichen, um die Untersuchungshäftlinge nicht weiter der Folter einer ‚legalen Vernichtung‘ auszusetzen.

Ein ganz eigenes untersuchenswertes Feld bildet Drewitz' Verarbeitung ihrer Erfahrungen aus dem Gefängnis-Engagement im eigenen literarischen Schreiben, sei es in der Problematisierung der Helferrolle in *Wer verteidigt Katrin Lambert?* (1974), sei es in der Thematisierung des gesellschaftlichen Umgangs mit Angehörigen von Gefangenen am

Beispiel der Verkäuferin, Ehefrau eines ‚Politischen‘, und ihres Sohnes Peter in *Das Hochhaus* (1975) oder die Schilderung eines Besuchs von Gabriele M. in der Untersuchungshaftanstalt Moabit im 20. Kapitel von *Gestern war Heute* (1978), in der dem Häftling offensichtlich die Züge Heinrich Jansens verliehen worden sind,[40] oder die Auseinandersetzung mit der Alltags- und Gedankenwelt einer Strafverteidigerin in dem Tagebuchroman *Eis auf der Elbe* (1982).

Kurz erwähnt sei noch, dass Ingeborg Drewitz als Jury-Mitglied an mehreren Literaturwettbewerben für schreibende Gefangene beteiligt war, so im Jahr 1981 beim Wettbewerb aus Anlass der 12. Bundestagung der Straffälligenhilfe, der unter dem Leitwort *Rückkehr in die Freiheit – Ängste und Hoffnungen* stand und sich gleichermaßen an Gefangene und Entlassene mit dem Ziel richtete, „kreative Aktivitäten“ für die Auseinandersetzung mit der eigenen Situation anregen zu wollen.[41] Noch im gleichen Jahr wirkte sie neben Astrid Gehlhoff-Claes und Birgitta Wolf als Jurorin bei dem von der Gefangenengruppe *Staatsbürgerkunde*[42] in der JVA Willich-Anrath initiierten Schreibwettbewerb mit.

Ferner nahm sie als Mitglied des deutschen Beirats[43] am 3. Internationalen Russell-Tribunal *Zur Situation der Menschenrechte in der Bundesrepublik Deutschland*[44] teil, das sich konstituierte, um die „Gefährdungen einer rechtsstaatlich verfassten Demokratie“[45] wie der Bundesrepublik unter dem Aspekt von Menschenrechtsverletzungen zu untersuchen. Nicht zuletzt wirkte Drewitz in ihrer Rolle als stellvertretende Vorsitzende des Verbandes deutscher Schriftsteller in der IG Druck und Papier an der auf dem IV. Schriftstellerkongress des VS am 21. Mai 1977 in Dortmund verabschiedeten Resolution zur *Wiederaufnahme des Verfahrens gegen Peter-Paul Zahl*[46] und an der Anfang November 1979 zum Thema *Literatur im Gefängnis* veranstalteten Arbeitstagung des VS in Berlin-Spandau mit. Die Tagung diente primär dem internen Erfahrungsaustausch zwischen den Landesverbänden über die Arbeit von Schriftstellern mit Strafgefangenen, sollte aber zudem das Thema in das öffentliche Bewusstsein rücken.[47] Daneben setzte sich Ingeborg Drewitz mit für eine Überprüfung der Satzung der IG Druck und Papier in Bezug auf §11, Punkt 1 ein, der einen „Ausschluss und Verweis“ u. a. von straffällig gewordenen Mitgliedern vorsah, um dem in Berlin-Tegel einsitzenden Schriftstellers Peter Feraru die Aufnahme in den VS zu ermöglichen.[48] Bei der Diskussion über seine Aufnahme ging es auch um die Frage der Anerkennung der schriftstellerischen Qualitäten eines Gefängnisautors bzw. um die Anerkennung von Gefangenenliteratur als Literatur, die auch ohne den ‚Gefangenenbonus‘ Bestand hat.[49] Zusammenfassend kann gesagt werden, dass die Programmatik des VS entscheidend dazu beitrug, die öffentliche Aufmerksamkeit in den 70er Jahren auf das Schreiben in der Haft und die Gefangenenliteratur zu lenken.

Das Gefängnis-Engagement von Ingeborg Drewitz war weitaus umfangreicher als hier ausschnitthaft dargelegt werden konnte. In meinem zweiten Teil möchte ich nun der Frage nachgehen: Was steht hinter diesem Engagement? Welche Motive waren wirksam und was hat dies eigentlich mit Literatur zu tun?

III. Schreiben als Selbst-Ermächtigung und Sich-Gehör-Verschaffen

Normativer Ausgangspunkt für Drewitz' Handeln war die Wahrung der Menschenwürde, konkret: die Einhaltung der Grundrechte im Strafvollzug, wie sie im §104, Abs. 1 des Grundgesetzes festgehalten sind, dass Inhaftierte „weder seelisch noch körperlich misshandelt werden" dürfen. Ihre Kritik und ihr Engagement erwuchsen aus dem Vergleich von normativem Ideal und gesellschaftlicher Wirklichkeit. Doch es kam noch etwas hinzu: Ihr spezifisches Selbstverständnis als Schriftstellerin, wonach sie als ,Sprachmächtige' Verantwortung trage für die Entmündigten, für die Sprachlosen der Gesellschaft und ihre Ermächtigung.[50]

In dem von Ingeborg Drewitz zusammen mit Johann P. Tammen verfassten Vorwort zur *horen*-Anthologie *So wächst die Mauer zwischen Mensch und Mensch* wird festgestellt: „Die Zahl der Gehandicapten in unserer Gesellschaft ist groß, viel zu groß. Es gibt erschreckend viele unter uns, die nie gelernt haben, sich auszudrücken, sich *frei* zusprechen, ihre legitimen Bedürfnisse anzumelden und einzuklagen, ihr Recht zu fordern. [...] Sie leben in Fallen, straucheln, wehren sich unangepasst, versuchen den aufrechten Gang und stolpern zu oft über [...] Barrieren. Kann man das ändern?"[51]

Diese Frage trieb Ingeborg Drewitz an. Sie hielt an der Möglichkeit gesellschaftlicher Veränderung fest, hoffte auf das emanzipatorische Potenzial der Demokratie, indem sie mit ihrem Engagement auf individuelles Umdenken und letztlich auf gesellschaftliche Umstrukturierung zielte. Die sich selbst gesetzte Verantwortung nahm sie wahr, indem sie ihre vielfältigen Aktivitäten darauf ausrichtete, die gesellschaftlich ausgesparte Wirklichkeit der Gefängnisse, das Leben hinter den Mauern den Menschen ‚draußen' mit dem Mittel des Wortes – dem genuinen Mittel des Schriftstellers – transparent zu machen.

Sie hatte erkannt, dass es zwei wesentliche Grundbedingungen von Freiheit gibt: die auf das Selbst bezogene Artikulation als Selbst-Ermächtigung und das Sich-Gehör-Verschaffen als ein Nach-außen-Treten. So ermutigte sie einerseits Inhaftierte zum Schreiben, d.h. zur Suche nach ihrer eigenen Sprache gegen das öffentliche Schweigen und die Verdrängung, so betätigte sie sich andererseits als Herausgeberin von Gefangenenliteratur. Schreiben im und aus dem Gefängnis heraus verstand Drewitz als einen „Prozess, der die Entmündigten der Gesellschaft zur Mündigkeit, zur Selbstartikulation führt. Ein Prozess auch, der öffentlich macht, was öffentlich sein sollte: dass die in der Haft unseres Vertrauens, nicht aber unserer Verachtung bedürfen."[52] Die Texte der Gefangenen spiegeln die Grunderfahrung des Eingeschlossenseins wider, berichten von Mutlosigkeit, aber auch von in der Haft durchlebten Entwicklungsprozessen und wiedergewonnenem Lebenswillen. Der Schriftstellerin wie der Gesprächs- und Briefpartnerin von Gefangenen war klar, dass das Schreiben im Gefängnis eine ganz existentielle Bedeutung für den Gefangenen haben kann, insofern es hilft, mit der beklemmenden eigenen Situation fertig zu werden, [...] über das eigene Leben [...] nachzudenken, [dass es] aber auch im Benennen zur Genauigkeit des Denkens und der Wahrnehmung [nötigt]. Und wer viel mit Häftlingen umgeht, weiß, dass das Schreiben oft wie eine Befreiung erfahren wird.[53]

Sie verstand das Schreiben demnach als einen emanzipatorischen Prozess, indem der Gefangene versucht, die „Schockwirkung" der Tat „schreibend einzukreisen" und auf diese Weise zu begreifen. „Das Begreifen der Tat aber kommt einer Befreiung zu sich selbst gleich, ist die Emanzipation [...] zum verantwortlichen Ich, ist die Emanzipation von der Entmündigung".[54] Darüber hinaus dient es dem Widerstand gegen das geplante Schweigen und die Isolation, also der Befreiung aus der institutionell festgeschriebenen Unmündigkeit; es dient der Wiedergewinnung von Gedanken- und Handlungsfreiheit, d.h. von Definitionsmacht. Im Schreiben ist der Häftling nicht länger Objekt des Strafvollzugs. Das Schreiben von Briefen, Gedichten, Tagebuchaufzeichnungen, Prosatexten ist deshalb so wichtig, weil es die Widerständigkeit des Ichs gegen den totalen Zugriff der Institution Gefängnis auf das Ich, gegen die ‚Umcodierung seiner Existenz' (Foucault) stärkt. Zugleich lesen sich diese Texte als Aufruf, der auf Entgegnung, auf lebendigen Austausch zielt – einem Austausch, der mit der Gefangennahme unterbrochen wurde.

Förderte Ingeborg Drewitz einerseits den kreativen Schreibprozess bei Gefangenen, so wusste sie andererseits aber auch um die Notwendigkeit der Desillusionierung und der Vorbereitung auf die „mitleidlose Wirklichkeit ‚draußen‘ [55], indem sie die schreibenden Häftlinge in ihren Briefen vor aussichtslosen Karriereplänen als freier Schriftsteller warnte und sie anhielt, Ausbildungsangebote in den Gefängnissen wahrzunehmen, was ihre Briefpartner häufig mit Unwillen quittierten. Nur selten fand sie in den Texten der Häftlinge Zukunftsentwürfe. Die Entlassung, „der Augenblick der Freiheit ist noch immer auch der Augenblick der Fremdheit, wenn nicht der Angst".[56] Die Grenzen ihrer Hilfe waren ihr wohl bewusst. In ihre Anthologie *Schatten im Kalk* nahm sie zwei an sie gerichtete Briefe eines ‚Verwahrten‘ mit der Begründung auf, dass dieser Mann unmittelbar nach seiner Entlassung (und dem 2. Brief) Selbstmord begangen hatte. Trotz der Ermutigungen und Interventionen seitens Ingeborg Drewitz' war er an der ernüchternden Realität draußen – seine Frau hatte die Scheidung eingereicht – gescheitert. In seinem letzten Brief schrieb er: „Liebe Frau Drewitz, Sie waren für mich die einzige Person, zu der ich Vertrauen habe und der ich mich mitteilen konnte."[57] Liest man Drewitz' Einleitung zu den aufgenommenen Briefen, wird der selbst-überfordernde Anspruch an ihre Helferrolle deutlich: „es war mir weder gelungen, die Frau – noch während der Haftzeit K.F.s – für ihn zurückzugewinnen, noch war es mir gelungen, K.F. die Souveränität finden zu lassen, mit diesem Schock [die eingereichte Scheidung] (auf den er vorbereitet war) fertig zu werden."[58]

Ehetherapeutin, Psychologin, Resozialisierungshelferin – das reicht weit über das eigentliche Metier auch einer solchermaßen stark engagierten Schriftstellerin hinaus. Mit ihrem Engagement wollte Ingeborg Drewitz v.a. Öffentlichkeit schaffen für die soziale Randgruppe der Inhaftierten, sie wollte *Mit Sätzen Mauern eindrücken*, so der programmatische Titel ihres Briefwechsels mit dem Inhaftierten Winand Buchacker, den sie 1979 veröffentlichte. Mit der Publikation versuchte sie, den Dialog zwischen zwei Menschen, der schon einmal – z.Z. ihrer Korrespondenz – die Mauern durchlässig gemacht hatte, auf die Gesellschaft auszuweiten, und mittels der Sprache die Gefängnismauern einzureißen, um den Blick auf „den Alltag hinter den Gefängnismauern"[59], auf die Gedanken, Gefühle und existentielle Not des einzelnen gefangenen Menschen zu öffnen. In ihrem Vorwort begründet sie die zunächst ungeplante

Veröffentlichung des Briefwechsels damit, dass er dem Leser eine Innen-
perspektive eröffnet und ihn am exemplarischen „Erfahrungsprozess"
eines Gefangenen teilhaben lässt, an dessen Anfang das Scheitern und
die Schockerfahrung Inhaftierung steht, der dann „von der Ich-Erfah-
rung über die Schuld-Erfahrung bis zum Erkennen des Unrechts" führt
und schließlich in die Übernahme von Verantwortung für sich und die
anderen mündet.[60]

Mauern, das waren für Drewitz die Wände zwischen den Häftlingen und ihren Angehörigen, das war der Realitätsverlust der Häftlinge
durch ihre Abgeschnittenheit von der Außenwelt und durch das Eigen-
leben des Gefängnisses mit seiner ‚Einwegkommunikation', das war
der bleibende Makel nach der Entlassung, der zur Begegnungs- und
Sprachbarriere wurde. Ingeborg Drewitz wollte „die ‚Schwellenangst'
des Durchschnittsbürgers, dem die Phantasie fehlt, die Straftat [...] im
Zusammenhang mit dem alltäglichen Leben zu sehen, das Scheitern aus
Lebensläufen abzuleiten",[61] überwinden und zum Nachdenken über das
Strafen und das Strafsystem anregen, mit dem wir unser Gewissen be-
ruhigen, „indem wir das Versagen des Täters umdichten – und allen
Erfahrungen zum Trotz auf Vergeltung beharren".[62] Für sie war klar,
dass das Scheitern der Häftlinge und unser Scheitern vielleicht graduell
verschieden sind, weil wir entweder aus sozial stabileren Familien kommen oder befähigter sind, uns einzufügen, [...] unsere Leidenschaften
zu kontrollieren; weil wir uns den Zweifel an moralischen Kategorien
nicht gegönnt haben; weil wir mehr Glück hatten [...].[63]

Deshalb initiierte sie den Dialog zwischen ‚drinnen' und ‚draußen' und
versuchte so, Öffentlichkeit und Bewusstsein für die Ausgegrenzten zu
schaffen.

IV. Resümee

Natürlich stand Drewitz mit ihrem Gefängnis-Engagement nicht allein.
In der Rückschau gewinnt man den Eindruck, dass der Einsatz für Gefangene v.a. weiblich dominiert war[64] und von dieser Seite kontinuierli-
cher, umfangreicher und langfristiger verlief als das Engagement der
wenigen involvierten Männer.[65] Ihre Bemühungen, die Gefangenen selbst
zu Wort kommen zu lassen, teilte Drewitz mit anderen Schriftstellerinnen wie die bereits erwähnte Astrid Gehlhoff-Claes, Luise Rinser[66],
Rosemarie Bronikowski[67] sowie Leonie Ossowski[68] und dem sog. En-

gel der Gefangenen Birgitta Wolf[69]. Ende der 70er, Anfang der 80er Jahre kam es – bedingt durch die Euphorie, die die Vollzugsreform 1977 begleitete, durch den Einsatz des VS in der IG Druck und Papier für die Gefangenenliteratur sowie durch die Vielzahl alternativer Verlage – zu einer wahren Flut an Gefangenenliteratur v.a. in Form von Briefwechseln und Anthologien.

Das Außergewöhnliche an Ingeborg Drewitz' Engagement ist die Tatsache, dass sie fast ‚nebenher' an ihrem literarischen Werk arbeitete, ihre Funktionen im PEN und im VS wahrnahm und für ihre Familie da war. Zudem konnte sie aufgrund ihrer öffentlichen Stellung im literarischen wie gesellschaftlichen Feld als wirksamste Anwältin für die Gefangenen tätig sein: Sie vermochte ihr symbolisches Kapital wirksam einzusetzen. Wenn man jedoch einen Blick aus heutiger Sicht und von außen auf dieses Engagement wagt, fällt eines auf: Häftlinge sind für Ingeborg Drewitz in erster Linie Nicht-Selbst-Ermächtigte, Opfer der Gesellschaft, Opfer also der äußeren Umstände, was sie letztlich auch von der Verantwortung für ihre Tat freispricht. Mit dieser Sicht ist Drewitz ein Kind ihrer Zeit als es wichtig war, die Position des Gefangenen zu stärken. Demgegenüber wird heute das Individuelle der Tat stärker in den Vordergrund gestellt als ihre soziale Bedingtheit; der Diskurs ist gekippt: Verantwortung müsse wieder zugemutet werden, so rechtsintellektuelle Foren, während die ‚Linke' dazu schweigt.

In meinem Beitrag sollte das Engagement von Ingeborg Drewitz für Gefangene nicht von ihrem Schriftstellerdasein und ihrem Selbstverständnis als Schriftstellerin getrennt werden. Sie war wie ihr alter ego Bettine von Arnim „empfindlich für die, die draußen stehen, zornig gegenüber der aalglatten Routine, [...] eifernd im Protest, weil von der sozialen und demokratischen Verantwortung überzeugt", indem sie sich für ihre Vision von einer gerechten Gesellschaft und die darin Benachteiligten einsetzte.[70]

Ingeborg Drewitz' Engagement kann als eine Form der politischen wie auch konkreten Fürsorge gewertet werden. Sie spürte diese innere Verpflichtung, persönlich zu helfen, ohne dass dies mit einem justiziablen Recht auf Hilfe seitens der Unterstützten korrespondierte. In einem solchen Akt der Fürsorge liegt ein überschießendes Potenzial, das auf ein normatives politisches Ideal verweist: auf das Ideal einer Gesellschaft, wo die Unterstützten ein Recht auf Unterstützung haben oder sie gar der Unterstützung nicht mehr bedürfen – mithin einer Gesellschaft im Zustand vor dem Sündenfall.

Anhang

Die Autorinnen und Autoren

Faris Abu-Naaj
Geboren am 22.10.1967 in Leverkusen; behütetes Elternhaus; Vater: Arzt, Mutter: Hausfrau; aufgewachsen in Internaten und Privatschulen; Ausbildung zum Finanz- und Vermögensberater; Finanz- und Versicherungsvertrieb; Delikt: Anlagebetrug in 51 Fällen; Urteil: 4 Jahre, 6 Monate; in Haft seit dem 12.8.03. Ich glaube, dass jeder Mensch eine zweite Chance verdient und erhält.

Kenny Berger
Seit fast 30 Jahren ohne Unterbrechung im Knast, aber nicht etwa zur Resozialisierung, sondern als psychologisch-biologisches Experiment des zuständigen Ministeriums, um herauszufinden, wie lange es ein Individuum in dieser Umgebung unter der Obhut des eingesetzten Personals so aushält. Deshalb möchte ich von Herzen allen danken, die mir trotzdem helfen: Helga, Kerstin, Rosi, Frau Baudert, Frank, Bubi, André, Ditmar, Hung I, Hung II, Thong, Slawa, Adrian und Kevin. Gemeinsam werden wir es schaffen.

Rolf Brandenburg
ANGST – Mein ganzes Leben trug ich sie in mir, groß, namenlos, unheimlich, vor der Welt und den Menschen, besonders aber vor mir selbst – vor den Gefühlen und Bildern, die in mir waren und die doch nicht sein durften.
BÜCHER – Nur hier fühlte ich mich sicher, sicher und geborgen, hier fand ich Menschen, die mir glichen: angstgequält und verzweifelt, und hier erschuf ich meine eigene Welt – eine Welt, in der ich mich selbst verlor.
SCHREIBEN – Spät, viel zu spät entdeckte ich den Weg, meinen Weg, die Angst anzunehmen, ihrer Herr zu werden, sie zu verwandeln und

ein Mensch zu werden, frei und selbstbewusst – spät, vielleicht nicht zu spät.

Thorsten Dülks
Geboren am 30. März 1970 in Duisburg. Mittlerer Schulabschluss 1986, danach Ausbildung zum Pferdewirt und Berufstätigkeit als Trabrennfahrer und Pferdepfleger in Deutschland und in den USA. Plötzlich und unerwartet aus der Bahn geworfen am 1. März 1996. Seitdem in Haft. Erste intensive Begegnungen mit Literatur im Knast, vor allem durch Hörbücher. Erste intensivere Schreiberfahrungen im Briefwechsel mit seiner ehrenamtlichen Betreuerin.

Christine Maria G.
Bis zum Redaktionsschluss des Buches konnte kein Kontakt zu der Autorin hergestellt werden.

Georg Hoeflein
Seit zwölf Jahren bin ich in Haft, in der Vollzugsanstalt Mannheim. Noch drei Jahre muss ich hier bleiben. Ich habe das Urteil und das Strafmaß akzeptiert, weil ich schuldig bin und meine Straftat sehr bereue. Vor elf Jahren, da hatte ich von meiner Strafe gerade ein Jahr abgesessen, habe ich mein Leben Jesus Christus übergeben und das ist für mich die schönste Erfahrung, die ich in meinem Leben gemacht habe. Dafür danke ich allen Menschen, die mich begleitet und auf diesen Weg geführt haben. In meiner Freizeit bin ich Kirchendiener in der Anstaltskirche und gestalte hin und wieder auch ein Gottesdienstprogramm mit. Mein Wunsch ist es, ein Gebetbuch zu schreiben, und ich habe etwa schon 20 Texte verfasst. Auch habe ich damit begonnen, ein Buch über mein Leben mit allen Höhen und Tiefen zu schreiben. Mit dem Titel: „Das VI. Gebot oder: Vom Dunkel ins Licht geführt." Ich bin am 4. Juni 1956 in Mannheim geboren. In Ladenburg am Neckar bin ich zur Schule gegangen und habe meine Berufsausbildung zum Gas-Wasser-Installateur und Spengler absolviert. Ich bin Familienvater von drei Söhnen und einer Tochter, die ich sehr vermisse. Meine Frau ließ sich drei Jahre nach meiner Inhaftierung scheiden, nach 14 gemeinsamen Ehejahren.

Roman Kluke

Geboren am 15.09.1977 besuchte ich von 1984 bis 1994 Grund- und Hauptschule. Abschluss: Fachoberschulreife mit Qualifikation. Ich schloss keine Ausbildung ab, war allerdings einmal für 15 Minuten Bäcker. Zivildienst in der stationären Altenpflege. Im Alter von 23 Jahren erschlug ich einen anderen Mann mit einem Baseballschläger und wurde zu einer lebenslangen Freiheitsstrafe verurteilt. Im Gefängnis übergab ich mein Leben Jesus Christus und habe die sichere Gewissheit, in Ewigkeit auf der richtigen Seite zu stehen.

Jürgen König

Ich habe einen Literaturpreis gewonnen. Erstaunen. Unsicherheit. Streicheleinheit. Was nun, alter (63) Mann? Eine Frage, wie nach dem (Un-)Sinn (d-)eines Lebens: Mittlere Reife; Metallfacharbeiter; (und immer wieder) Bankräuber: 33 Jahre Knast und – nichts dazugelernt (?)... Ich lese, schreibe, jogge, laufe, gehe – stets auch hoffnungsschwanger... Ein für mich wichtiger Hinweis zu meinem Text: Autor und Täter sind nicht identisch.

Peter Lambert

Geboren am 31. Mai 1964 im Saarland; verheiratet; Schriftsetzer, Energieelektroniker; 1988 Verurteilung wegen Mordes zu lebenslanger Freiheitsstrafe; von 1990 bis 1996 Redaktionsmitglied der Gefangenenzeitschrift der JVA Bruchsal „das spektrum"; gelegentliche Veröffentlichungen in der Zeitschrift „Publik-Forum", zuletzt in einem Publik-Forum-Extra „Der Sinn meines Lebens". „Kleine Blume Freiheit" ist eine für den Ingeborg-Drewitz-Literaturwettbewerb überarbeitete Auskopplung eines kurz vor der Fertigstellung stehenden Manuskripts einer Romanbiographie.

Jürgen Landt

Seit 1998 im Mecklenburg-Vorpommerschen Greifswald. 1999 Arbeitsstipendium der Stiftung Kulturfonds Berlin. 2001 und 2003 Literaturstipendium des Landes Mecklenburg-Vorpommern. Letzte Veröffentlichungen: „Immer alles kurz vorm Tod", Bench Press Publishing, 2002, ISBN 3-933649-20-X, „Knecht", Bench Press Publishing 2004, ISBN 3-933649-22-6.

Helmut Pammler
Geboren 1964 in Worms, aufgewachsen in Osthofen, im Alter von 7 Jahren erstmals die Aufmerksamkeit der Polizei erregt, mit 10 als schwer erziehbar ins Heim eingewiesen, bis zum Alter von 14 Jahren ca. 20 verschiedene Heime kennen gelernt; immer wieder ausgebüxt, weiteste Flucht mit 15 nach Paris, mit 14 erstmals wegen „Klauen" im Knast; mein seitheriges Leben besteht aus einer Folge von Missverständnissen, Fluchten, Missetaten, Verhaftungen und Missurteilen; seit 1988 bis auf eine kurze Flucht in der JVA Diez eingesperrt; seit dieser Zeit beschäftige ich mich mit Lyrik und drücke meine Gefühle in Gedichten aus...

Rosalie
33 Jahre, gutes Elternhaus, Schule – Abitur – Studium, Beruf – Liebe – Tat – Beruf – Kind – Gefängnis – Trennung – Studium. Entlassung? Neuanfang!

U. David Schweighoefer
Als Sohn jüdischer Eltern nachkrieglich geboren. Heimkind, Abitur, Studium Ökonomie, Englisch, Spanisch und Lehramt in England, berufsbegleitend. Über 17 Jahre in der Immobilien-Branche, ca. 14 Jahre in der Robotik, Pharmazie, als Trainer tätig. Erste literarische Gehversuche mit Gedichten bereits mit neun Jahren, dann short-stories, Artikel. Meine Vorbilder sind: E. Hemingway, Polgar, O. Wilde und russische Klassiker.

Reidar Tavares
Jahrgang 1965, wurde im Jahre 2000 in Madrid verhaftet, da aus Südamerika kommend sich in seinem Gepäck Kokain befand. Verbüßte drei Jahre in Spanien und anschließend zwei in Deutschland. Lebt jetzt als Texter und Sachbuchautor in Hamburg.

Joachim Weigold
Ich wurde am 14.2.1960 in Hockenheim geboren. Meine Lehrer behaupteten, ich wäre ein fauler Hund, und trotzdem machte ich einen sehr guten Realschulabschluss. Nach meiner kaufmännischen Lehre hatte ich großen beruflichen Erfolg und wurde ein sogenannter Yuppie. Mit 35

hatte ich meine eigene Firma und alles, was das Herz begehrt. Im Alter von 41 saß ich dann auf einmal im Gefängnis. Dazwischen lagen ein paar Jahre der Drogenexzesse. Nun habe ich nur noch meinen Humor und meine Phantasie und die Fähigkeit, gut mit Worten umzugehen. Eigentlich bin ich nur ein (B)Engel, der sich verflogen hat. Ich muss nicht mehr wiedergeboren werden, denn ich habe bereits mehrere Leben gleichzeitig gelebt.

Uwe B. Werner
Geboren 1968, lebt in Berlin, früher auch in Köln, war lange Zeit im medialen Bereich tätig. Er schreibt Lyrik und Prosa, wobei seine Texte oft auch einen autobiographischen Bezug haben. Kurzgeschichten, aber auch epische Fantasie-Stoffe beschäftigen ihn. Schreiben ist Bewältigung, Schreiben ist befreiend und in dunklen Zeiten im Leben auch oft Hilfe und Stütze zugleich. Sein Leitspruch: „Alles wird gut für den, der warten kann".

Liste aller TeilnehmerInnen

Björn Thomas Berg, Kassel - Manfred Wildberger, Frankfurt - Florim Kolgeci, Wolfenbüttel - Achim Kulmann, Hagen - Helmut Koller, Niederschönenfeld - Leif Kunze, Darmstadt - Jörg Ilgener, Berlin - Siggi Kaiser, Kassel - Ruben Talberg, Butzbach - Frank Ferlan, Landsberg - Christian Schweikard, Schifferstadt - Jürgen Damman, Wolfenbüttel - Georg Hoeflein, Mannheim - Sven Becker, Weiterstadt - Egor Neubauer, Hagen - Olaf Hammers, Lübeck - Jürgen Jäger, Würzburg - Petra Bittner/bei Kamm, Berlin - Oliver Krines, Lohr - H. Radke, Hamburg - Siegfried Eisert, Groß Gerau - Martin-Michael Sommerfeld, Wuppertal - Bär Christian Templiner, Berlin - Winfried Raithel, Heilbronn - Richard Moser, Euskirchen - Maurice Kliemann, Berlin - S.M. Berang, Saarbrücken - Arne Wilken (JVA), Oldenburg - Stefan Schätz, Bayreuth - Wolfgang Karl Steinkamp, Oldenburg - Heinz Bsdurek, Hannover - F. Tegenthoff, Hagen - Frank Gehrmann, Eutin - Tina Senff, Schwäbisch-Gmünd - Roland Schwarzenberger, Bruchsal - Alexander Mook, Hagen - Seleck Pamik, Berlin - Wolfgang Dorn, Kempen - Ronny Schnabel, Brandenburg - Karl-Heinz Schiller, Straubing - Suzana Galesic, Schwäbisch-Gmünd - Nico Reisdorff, Sandweiler - Julia Schiff, München - Ronald Potas, Brandenburg - Drogenhilfe/Kontaktladen Nicole Arnold, Feiburg - Joern Sassenbach, Münster - Peter Lambert, Bruchsal - Gerhard Fritz Broch, Detmold - Helmut Stürznickel, Detmold - Matthias Weyrowski, Hamburg - Harry Flor, Schwalmstadt - Michael Klöckner, Wittlich - Alexander Lötzsch, Berlin - Jörg Michels, Wittlich - Sven Meyer, Oldenburg - Peter Moser, Geislingen - Heinz Schiepau, Aachen - Stefan Weber, Bernau - Ronny Schmidt, Ichtershausen - Michael Jung, Bruchsal - René Ponzlet, Palheim - Heiko Weinast, Siegburg - Enrico Schottstädt, Erkner - Lars Bergmann, Celle - Simon Kemling, Berlin - Kevin Macke, Wolfenbüttel - Mark Witt, Schwerte - Neilton Sidney Chagas Schnell, Aschaffenburg - Eberhard Keller, Kassel - Sultan Redzepi, Kempten - Torsten Eris, Neumünster - Rüdiger Meyer, Kassel - Gerhard Hemmerling, Diez - Emel Erden, Frankfurt/

M - El-Hassnaouri Sabir, Schifferstadt - Alexander Wasnick, Willich - Dennis Lekic, Schifferstadt - Bernd Steiger, Waldshut-Tiengen - Kurt Knickmeier, Wuppertal - Pino Peters, Bochum - Ulrich Neidert, Hamburg - Andreas Kuhl, Weiterstadt - Harald Kravietz, Aachen - Steffen Schulz, Bützow - Wolfgang Lohse, Amberg - Ziric Radomir, Bruchsal - Nadir Sah Cengiz, Heilbronn - Alexandra Klammer, Stralsund - Chirila Vasile, Osnabrück - Hardy Spicker, Wuppertal - Jörn Eversmann, Osnabrück - Ulrich Flesch, Münster - Martin Wehlend, Tübingen - Peter Moritz Fricke, Berlin - Axel Vesper, Freiburg - Roman Kluke, Remscheid - Andreas Dietrich, Berlin - Ernst Uwe Fischer, Hagen - Maik Wünsche, Herzogenaurach - Sven Lüdecke, Berlin - Frank Göpfert, Plauen - Norbert Reif, Neumarkt - Beata Oriecha, Frankfurt - Michael Schmid, Bad Homberg - Roland Graeve, Lippstadt - Claudia Russo, Vechta - Wolfgang Malter, Nürnberg - Zoran Djordjevic, Hamburg - Patrick Bartholomes, Saarbrücken - Andy Kasper, Bautzen - Mark Schadow, Berlin - Christian Glien, Diez - Karl-Heinz Straub, Frankfurt - René Simmank, Berlin - Mike Arning, Gelsenkirchen - Frank Rcihard Wingerter, Diez - Thorsten Dülks, Schwerte - Dietmar Stein, Münster - Brigitte Mühlberger, Schwäbisch Gmünd - Michael Kehl, Dieburg - Tino Säuberlich, Neubrandenburg - Melek Balli, York - Cornelia Koepsell, Augsburg - Uwe Reinsdorf, Bernburg - Thomas Wieruch, Landsberg - Armin Klingschat, Detmold - Marc Nicolas Kempen, Remscheid - Wolfgang Renger, Landsberg - Klaus Burkhardt, Schwäbisch-Hall - Ulrich Schweighöfer, Hamburg - Rainer Lochmann, Hannover - K. Budals, Berlin - Oswald Geitner, Nürnberg - Kai-Uwe Wallenhorst, Osnabrück - Dirk Kölsch, Weiterstadt - Andreas Püschel, Weiterstadt - Radomir Zeric, Bruchsal - Roland Eisenmann, Münster - Johann Klootwijk, MC Enschede - Sigrid Lessing, Berlin - Hans-Albert Heimann, Aachen - Yaman Tuncay, Darmstadt - Anja Wuschansky-Iljazi, Berlin - Reiner Hentschel, Bautzen - Mario Lux, Köln - Dieter Deuss, Rheinbach - Ursula Poltorak, Harsefeld - Mourad Bounouar, Remscheid - Sabine Golms, Schwäbisch-Gmünd - Ramona König, Ravensburg - Herbert Lindner, Augsburg - Patrik Wilhelm, Ottweiler - Thomas Martin, Berlin - Joachim Weigold, Mannheim - Friedlinde Niehoff, Hörgertshausen - Uwe Loenhardt, Mannheim - Christine Maria Gheidi, Jork - Sven Odin Abramzik, Wittlich - Mathias Wiese, Wulkow - Patrick Jung, Oldenburg - Eugin Demirtas, Kassel, Mannheim - Bruno Paltian, Wuppertal - Rainer Alexander Herrmann, Mannheim - Bulboaca Neculai, Mannheim - Wolfgang Werle, Schwalmbach - Stephan Peters, Berlin - Friedhelm Klemer, Berlin - Sven Lüdecke, Berlin - Uwe Werner,

Berlin - Andreas Werner, Berlin - Adolf Schuh, Berlin - Volker Ullmann, Berlin - Andreas Harms, Berlin - Rosemarie Franz, Wusterhausen - Till-Hauke Heldt, Oldenburg - Thomas Bielau, Gelsenkirchen - James Moore Frau Schmid-Große, Gelsenkirchen - Thilo Pagels, Waldheim - Erwin Ströbel Roland Ströbel, Thannhausen - Ali Maleki, Frankfurt - Michaela Görgulu, Frankfurt - Rainer Limpert, Würzburg - Jasmin Zeidan, Frankfurt - Andreas Kühn, Bruchsal - Manfred Baus, Landsberg - Björn Andreas Popp, Bayreuth - Klaus Keiser, Saarbrücken - Charly E. Johanus, Landsberg - Bilal Göleli, Saarbrücken - Benjamin Kaldig, Willich - Matthias Reineck, Kassel - Jürgen King, Frankenthal - Marco Eckstein, Remscheid - Rainer Pfundt, Wittlich - Rolf Brandenburg, Landsberg - Jürgen Landt, Greifswald - Klaus-Dieter Langenhaun, Bernau - Frank Glauflügel, Weiterstadt - Ingolf Raupach, Neumünster - Johannes Thierack, Berlin - Georg Wilhelm Seibel, Dietzenbach - Peter Cyrus, Moers - Reidar Tavares, Hamburg - Burkhard Baxmann, Diez - Karsten Häusler, Waldheim - Richard Herdegen, Kaisheim - Jens Schimmeyer, Kempten - Ronny Hoppe, Berlin - Ron Schmenk, Werl - Nguyen Manh Luong, Hamburg – Helmut Pammler, Diez – Faris Abu-Naaj, Köln – Maik Arning, Bochum – Johann Peter Auringer, Darmstadt – Kenny Berger, Brandenburg – Walter F.W. Binder, Berlin – Jürgen Peter Buchta, Werl – Gruppe Eigen-Art, Geldern – Wolfgang Diez, Darmstadt – Bernhardt Flohr, Darmstadt – Yasmina Gathmann, Aichach – Thomas Knott, Darmstadt – Jürgen König, Hamburg – Fred Kraus, Darmstadt – Rainer A. Lingner, Darmstadt – Thomas Müller, Dresden – Rosalie, Dresden – Karl-Heinz Schiller, Feldkirchen – Guido Vacca, Geldern – Dieter Wurm, Berlin – Dietmar Pawig-Altena, Gelsenkirchen

Die Jury

Hubertus Becker
Geb. 1951 im Rheinland, 1971 Abitur, danach zehn Jahre in Spanien, USA und Indonesien gelebt, 1982 wegen Drogenschmuggels für 10 Jahre inhaftiert, von 1992-96 beruflich in China tätig, 1996 wegen Geldwäsche erneut inhaftiert, seit 1999 als Drehbuchautor tätig, lebt derzeit im Hunsrück und schreibt Ganoven-Biographien.

Josef Feindt
Geb. 1952, Pastoralreferent, Studium der Katholischen Theologie in Bonn und Tübingen, seit 1989 Gefängnisseelsorger in der JVA Krefeld, seit etwa 5 Jahren Sprecher der Gefängnisseelsorge im Bistum Aachen und 2. Vorsitzender der Katholischen Konferenz der Gefängnisseelsorger in NRW, Mitherausgeber des Knast-Kunst-Kalenders im Bistum Aachen, lebt in Tönisvorst.

Helmut H. Koch
Geb. 1941, ist Professor für Literaturwissenschaft an der Universität Münster. Schwerpunkt seiner Forschung und Lehre ist die Literatur von Randgruppen (Gefangene, psychisch Kranke, MigrantInnen). Am Germanistischen Institut, Abteilung Didaktik der deutschen Sprache und Literatur, leitet er die Dokumentationsstelle Gefangenenliteratur, wo Gefangenenzeitungen und Gefangenenliteratur systematisch archiviert sind. Außerdem werden von der Dokumentationsstelle aus Gefangenenzeitungsredaktionen beraten und durch Fortbildungsseminare unterstützt. Aus der wissenschaftlichen und schulpraktischen Arbeit gingen als Veröffentlichungen hervor: Klein/Koch (1988): Gefangenenliteratur. Lesen-Sprechen-Schreiben in deutschen Gefängnissen; Keßler/Klein/Koch/Theine (1995): Menschen im Gefängnis. Selbstzeugnisse, Dokumente, Medien für den schulischen und außerschulischen Unterricht;

Koch (Hg.) (1998): Mit der Flaschenpost gegen einen Ozean. Briefe aus dem Knast. Unter Mitarbeit von Nicola Keßler, Anja Vomberg und Hildegard Wiethüchter. Er ist außerdem Autor und Mitherausgeber von mehreren Jugendbüchern.

Heinz Müller-Dietz
Geb. 1931, lebt in Sulzburg, war bis zu seiner Emeritierung (1997) Professor für Strafrecht an der Universität des Saarlandes, Saarbrücken. Schwerpunkte seiner Forschung sind das strafrechtliche Sanktionensystem, der Strafvollzug sowie Literatur und Recht. Bis zu seiner Habilitation (1966) war er im baden-württembergischen Strafvollzug tätig, von 1969 bis 1971 Mitglied der Strafvollzugskommission beim Justizministerium. Er hat zahlreiche Beiträge zum Strafrecht, Strafprozessrecht, Strafvollzug, zur Kriminologie und zur Rechtsgeschichte veröffentlicht, u.a. Grenzüberschreitungen. Beiträge zur Beziehung zwischen Literatur und Recht, Nomos Verlag Baden-Baden 1990; Strafvollzugsgesetz. Kurzkommentar, 7. Auflage, Verlag C.H. Beck München 1998.

N.N.
Geb. 1967, war wegen Drogenabhängigkeit 18 Monate in Frankreich und Deutschland inhaftiert. Dort wurde ihr das Schreiben zur Überlebenshilfe. Ingeborg-Drewitz-Preisträgerin 1989 und 1992. Hat sich irgendwann mal aufgerappelt, ihr Leben selbst in die Hand zu nehmen, und ist heute Angestellte in einer Landesbehörde. Macht Öffentlichkeitsarbeit in Sachen Drogen und Knast, um für diejenigen zu sprechen, die dazu nicht (oder nicht mehr) die Möglichkeit haben.

Till Sailer
Geboren 1942 in Weimar, dort Musikstudium, Zusatzstudium Literatur in Leipzig, Rundfunkjournalist in Berlin, seit 1978 freier Autor: Prosa, Publizistik, biographische Literatur; 1997-2001 stellvertretender Bundesvorsitzender Verband deutscher Schriftsteller, lebt in Bad Saarow (Brandenburg)

Satzung des Ingeborg-Drewitz-Literaturpreises für Gefangene

Ziele
Mit dem Ingeborg-Drewitz-Literaturpreis sollen zum einen Inhaftierte motiviert und unterstützt werden, ihre Situation literarisch zu verarbeiten. Zum anderen soll den Texten von Gefangenen mehr Öffentlichkeit verschafft und damit eine kritische Auseinandersetzung mit dem Strafvollzug gefördert werden.

Name des Preises
Der Literaturpreis wird mit dem Namen der verstorbenen Schriftstellerin Ingeborg Drewitz verbunden. Die Trägergruppen des Preises möchten so den unermüdlichen Einsatz und die hohen Verdienste von Frau Drewitz würdigen und bewahren helfen, die sie in der Straffälligenarbeit erworben hat. Die Einverständniserklärung der Familie Drewitz liegt vor.

Trägerinnen und Träger des Ingeborg-Drewitz-Literaturpreises
- Dokumentationsstelle für Gefangenenliteratur der Universität Münster
- Gefangeneninitiative e.V. Dortmund
- Strafvollzugsarchiv der Universität Bremen
- Bundeskonferenz kath. Gefängnisseelsorger Berlin
- Chance e.V. Münster
- Humanistische Union e.V., Landesverband NRW, Essen
- Arbeitskreis kritischer Strafvollzug Münster

Preisvergabe
Unter Gefangenenliteratur sind Texte zu verstehen, die in der Haft oder in Erinnerung daran geschrieben worden sind.

Dabei ist der Begriff der Gefangenenliteratur möglichst weit zu fassen. Er umspannt neben literarischen Texten im engeren Sinne (Romane, Gedichte, Hörspiele, Theaterstücke, Essays usw.) auch journalistische Äußerungen in den verschiedenen Medien (Interviews, Dokumentationen, Radiofeatures usw.).

Es können deutschsprachige Texte oder Textsammlungen ausgezeichnet werden, die von einzelnen oder Gruppen verfasst worden sind. In der Regel werden bislang unveröffentlichte Texte ausgezeichnet. Neben den genannten Texten können auch ausgezeichnet werden:

- Einzel- und Gruppenarbeiten, die Außerhalb des Wettbewerbes eingereicht worden sein können.
- Es können ferner bereits publizierte Texte mit dem Ziel prämiert werden, ihnen eine größere Öffentlichkeit zu verschaffen /z.B. herausragende Gefängniszeitungen oder Dokumentationen).

Alle zwei Jahre wird ein Wettbewerb mit einem Schwerpunktthema und bestimmten Textformen ausgeschrieben.

Die Preisverleihung fand erstmals im Dezember 1989 in Hamm statt, danach 1992 in Dortmund, 1995 in Leipzig, 1999, 2002 und 2005 wiederum in Dortmund.

Die Jury

Die eingereichten Texte werden von einer Jury begutachtet und die besten ausgewählt.

Die Jury setzt sich aus sechs bis sieben Personen zusammen. Neben Autorinnen/Autoren, die selbst als Betroffene gelten können, da sie inhaftiert sind oder waren, gehören ihr Personen an, die im Bereich der Literatur und/oder Publizistik gearbeitet und sich auch thematisch bereits mit Strafvollzug und Strafverfolgung befasst haben.

Form des Preises

Die ausgezeichneten Arbeiten werden in einer Anthologie veröffentlicht und so einer breiteren Öffentlichkeit zugänglich gemacht.

Bisher wurden die ausgezeichneten Beiträge in den Anthologien
„Risse im Fegefeuer" (Hagen: Reiner Padligur 1989)
„Fesselballon" (Münster: edition villon 1992)
„Gestohlener Himmel" (Leipzig: Thom 1995)
„Wenn Wände erzählen könnten" (Münster: agenda 1999)
„Nachrichten aus Anderwelt" (Münster: agenda 2002)
veröffentlicht.

151

Sonderpreis
Die Jury kann einen Sonderpreis für Werke von AutorInnen besonderer literarischer Qualität oder öffentlicher Brisanz vergeben. Dieser Sonderpreis kann auch einer nicht inhaftierten Person zugesprochen werden, die sich durch besonderes Engagement für Inhaftierte ausgezeichnet hat. Der Sonderpreis wird analog zum Ingeborg-Drewitz-Preis überreicht.

Der Förderkreis des Ingeborg-Drewitz-Preises
Dem Förderkreis des Ingeborg-Drewitz-Preises können natürliche und juristische Personen per Erklärung angehören. Die Aufgabe des Förderkreises besteht zum einen darin, per nomen den Preis aufzuwerten, zum anderen darin, unterstützend im Rahmen der jeweiligen Möglichkeiten zu wirken (z.B. Hilfe bei der Finanzierung, Problemintervention bei Zensurversuchen durch Justizvollzugsanstalten/-organe, Erstellen von Öffentlichkeit etc.).

Schirmherrschaft
Der TrägerInnenkreis bemüht sich, für jede Preisvergabe eine Persönlichkeit des kulturellen oder öffentlichen Lebens zu gewinnen.

Die Dokumentationsstelle Gefangenenliteratur der Universität Münster

Germanistisches Institut – Abteilung Didaktik der deutschen Sprache und Literatur

Prof. Dr. Helmut H. Koch
Leonardo- Campus 11
48149 Münster

Tel.: 0251/83-393 16
Fax 0251/83-383 69
Email: dokurg@uni-muenster.de

Seit Anfang 1986 besteht am „Germanistischen Institut" der Universität Münster eine Dokumentationsstelle für Gefangenenliteratur. Hier werden Gefangenenzeitungen und Gefangenenliteratur systematisch gesammelt und ausgewertet. Gefangenenliteratur war und ist bis heute sowohl für die Öffentlichkeit als auch für die Wissenschaft ein Randgruppenphänomen.

Gefangenenzeitungen

Gefangenenzeitungen sind ein Forum für Texte von Gefangenen, dokumentieren literarische Texte und Sachbeiträge zur besseren Information für Mitinhaftierte über sämtliche Belange des Strafvollzugs. Sie sind auch ein Sprachrohr nach „draußen". In der Bundesrepublik bestehen zur Zeit etwa 75 Redaktionen. Sie arbeiten meist mit sehr geringen finanziellen Mitteln, dementsprechend erscheinen die Zeitungen in unterschiedlichster Aufmachung - von einfachen Matrizenabzügen bis hin zu sehr ansprechend gestalteten Zeitungen von großem Umfang. In der Dokumentationsstelle ist der größte Teil der in den letzten Jahren herausgegebenen Gefangenenzeitungen archiviert - ca. 150 Titel aus allen Bundesländern, insgesamt mehr als zweitausend Zeitschriften.

Gefangenenliteratur

Literarische Veröffentlichungen von Gefangenen liegen in großer Zahl vor. Die Erscheinungsformen reichen von einfachen Erfahrungsberichten, Reportagen, Briefwechseln, Autobiographien bis hin zu fiktiven Erzählungen, Romanen und zahlreichen Gedichten. Die Literatur ist schwer zugänglich, da viele Texte nicht veröffentlicht werden oder überwiegend nur in kleinen Verlagen/Selbstverlagen erscheinen oder zumeist wieder vergriffen sind.

In den Buchläden findet man wenig Veröffentlichungen. Hinweise bekommen wir vorwiegend als Reaktion auf unsere Veröffentlichungen von AutorInnen, Personen, die sich im Strafvollzug engagieren, BetreuerInnen von Schreibgruppen in Vollzugsanstalten.

2001 wurde in der Dissertation von Frau Dr. Nicola Kessler eine Zahl von rund 200 Buchveröffentlichungen erwähnt.

Der Schwerpunkt der Dokumentation liegt auf der deutschen Gefangenenliteratur der Nachkriegszeit, er ist erweitert um ein Sammlung historischer deutscher Gefangenenliteratur und Literatur aus dem Ausland. Seit 1991 kommt die Archivierung von Texten aus der DDR und den neuen Bundesländern hinzu, die nach der Wende in großer Zahl greifbar wurden.

Weiterhin umfasst die Dokumentationsstelle eine

Pressedokumentation

Im Textarchiv werden Rezensionen zur Gefangenenliteratur, Biographien inhaftierter AutorInnen, Berichte über Schreibgruppen im Gefängnis, Gefangenenzeitungen usw. gesammelt.

Medienpädagogisches Material

ist in Form von Filmaufzeichnungen (VHS Video), Toncassetten und Diaserien vorhanden. Die Dokumentationsstelle dient als Kontaktgruppe für Gefangene, für Schreibgruppen und Gefangenenredaktionen. Redaktionen werden bei Problemen unterstützt und beraten. So fand 1989 erstmals in der Bundesrepublik eine Fortbildung für GefangenenredakteurInnen aus Nordrhein-Westfalen statt. Dieses in der JVA Werl durchgeführte Pilotprojekt fand im Oktober 1990 eine Fortsetzung in der JVA Bielefeld. Tagungsort 1992 und 1995: JVA Düsseldorf. Fortbildungsveranstaltungen dieser Art finden seitdem im Abstand von ca. 2 Jahren regelmäßig in Zusammenarbeit mit dem Justizministerium NRW statt. Kontakte und Interviews mit Gefangenen fördern den Austausch untereinander und dienen der Öffentlichkeitsarbeit.

Mit Seminaren, Veranstaltungen und Lesungen soll auf die Äußerungen dieser Randgruppen aufmerksam gemacht werden. Dazu gehört
auch die Beteiligung an Ausstellungen in Gefängnissen, wie die Aus-
stellung „Kunst im Knast" (Stadt Leverkusen), die unter der Schirmherrschaft des Justizministers Dr. Rolf Krumsiek als Wanderausstellung
unter anderem im Landtagsgebäude in Düsseldorf, in Nürnberg und
Murnau zu sehen war.

Die Dokumentationsstelle ist Mitträgerin des 1989 gegründeten
„Ingeborg-Drewitz-Literaturpreises" für Inhaftierte, der im gleichen
Jahr erstmals vergeben wurde. Seither wird der Preis alle zwei Jahre
ausgeschrieben. 1992 konnten sich erstmals Inhaftierte aus der ehemaligen DDR beteiligen. Im November 1995 wurde der Preis unter der
Schirmherrschaft der Schriftstellerin Luise Rinser und des Superinten-
denten der Nicolaikirche in Leipzig, Friedrich Magirius, in Leipzig
verliehen. 1999 wurde der Ingeborg-Drewitz-Literaturpreis unter der
Schirmherrschaft von Martin Walser, 2002 unter der Schirmherrschaft
von Birgitta Wolf und 2005 unter der Schirmherrschaft von George
Tabori jeweils in Dortmund vergeben.

LehrerInnen, SozialarbeiterInnen und andere Interessierte werden
bezüglich des medienpädagogischen Materials beraten, wenn sie das Thema „Gefängnis" im Unterricht oder in der außerschulischen Jugendar-
beit behandeln wollen.

Literatur

Ingeborg-Drewitz-Literaturpreis: Risse im Fegefeuer. Reiner Padligur
Verlag, Hagen 1989.

Ingeborg-Drewitz-Literaturpreis: Fesselballon. Edition Villon im
Daedalus Verlag, Münster 1992.

Ingeborg-Drewitz-Literaturpreis: Gestohlener Himmel. Widerstehen im
Knast. Thom Verlag, Leipzig 1995.

Ingeborg-Drewitz-Literaturpreis: Wenn Wände erzählen könnten... .
agenda Verlag, Münster 1999.

Ingeborg-Drewitz-Literaturpreis: Nachrichten aus Anderwelt. agenda
Verlag, Münster 2002.

N. Keßler: Schreiben um zu überleben. Studien zur Gefangenenliteratur. Forum Verlag Godesberg, Mönchengladbach 2001.

N. Keßler, U. Klein, H. Koch, E. Theine: Menschen im Gefängnis. Literarische Selbstzeugnisse, authentische Texte und Materialien für den schulischen und außerschulischen Unterricht. Forum Verlag Godesberg, Mönchengladbach 1996.

U. Klein, H. Koch (Hrsg.): Gefangenenliteratur. Sprechen - Schreiben - Lesen in deutschen Gefängnissen. Reiner Padligur Verlag, Dortmund 1988.

U. Klein: Zur Geschichte und aktuellen Lage der Gefangenenzeitungen im deutschen Strafvollzug. Forum Verlag Bad Godesberg, Mönchengladbach 1992.

H. Koch (Hrsg.): Mit der Flaschenpost gegen einen Ozean. Briefe aus dem Knast. Unter Mitarbeit von Nicola Keßler, Anja Vomberg und Hildegard Wiethüchter. Edition amRand, Münster 1998.

H. Koch, R. Lindtke (Hrsg.): Ungehörte Worte. Gefangene schreiben. Eine Dokumentation aus deutschen Gefangenenzeitungen. Tende Verlag. Münster 1982.

H. Koch, A. Vomberg: Gefangenenzeitungen - Was dem Zensor zum Opfer fällt. In: T. Müller-Heidelberg, U. Finckh, W.-D. Narr, M. Pelzer (Hrsg.): Grundrechte-Report. Zur Lage der Bürger- und Menschenrechte in Deurtschland. Rowohlt Verlag. Reinbek bei Hamburg 1997. S. 80-85.

S. Straub: Wenn Worte durchbrechen.... Kreative Schreib- und Erzählmöglichkeiten in Therapie und Persönlichkeitsentwicklung – ein integrativer Ansatz in Theorie und Praxis, Band 1: Der Untersuchungsverlauf – Darstellung und Interpretation,
Band 2: Die Texte Edition amRand, Münster 2002.

A. Vomberg: Hinter Schloss und Riegel. Gefangenenzeitungen aus Nordrheinwestfalen und Brandenburg zwischen Anspruch und Wirklichkeit. Forum Verlag Godesberg, Mönchengladbach 2000.

Anmerkungen

[1] Bei diesem Beitrag handelt es sich um eine gekürzte und leicht überarbeitete Fassung von Sabine Boshamer: Die Aktivitäten von Ingeborg Drewitz im Kontext der Gefängnisliteratur. In: B. Becker-Cantarino, I. Stephan (Hrsg.): „Von der Unzerstörbarkeit des Menschen". Ingeborg Drewitz im literarischen und politischen Feld der 50er bis 80er Jahre (Publikationen zur Zeitschrift für Germanistik, Neue Folge, Band 10), Bern 2004, S. 139-160.

[2] Ingeborg Drewitz (I.D.): Einzelhaft. Tagebucheintragung. In: W. Bittner (Hrsg.): Strafjustiz. Ein bundesdeutsches Lesebuch, Fischerhude 1977, S. 219–220.

[3] In: Merkur 5/1974, S. 493–495.

[4] Heinrich ‚Ali' Jansen gehörte zur Baader-Ensslin-Meinhof-Gruppe seit der gemeinsamen Reise nach Jordanien in das Ausbildungscamp der Palästinensischen Fedayin im Juni 1970, spielte jedoch gruppenintern eine untergeordnete Rolle; er wurde bei einem Autodiebstahl festgenommen; vgl. Stefan Aust: Der Baader-Meinhof-Komplex, München 1998, S. 142, 162 ff.

[5] Erinnert sei an die Inhaftierung von Ulrike Meinhof im berüchtigten ‚toten Trakt' der JVA Köln-Ossendorf, wo sie – wie zuvor Astrid Proll – über ein halbes Jahr (16.6.1972–9.2.1973) einer fast totalen akustischen Deprivation unterlag; vgl. ebenda, S. 269.

[6] Die RAF-Gefangenen waren getrennt in verschiedenen Gefängnissen untergebracht und vom jeweiligen Anstaltsbetrieb isoliert: Andreas Baader/Schwalmstadt, Gudrun Ensslin/Essen, Holger Meins/Wittlich, Irmgard Möller/Rastatt, Gerhard Müller/Hamburg, Jan-Carl Raspe/Köln (vgl. ebenda).

[7] Vgl. I.D. (wie Anm. 2), S. 220. Interessant ist ein Vergleich mit dem 20. Kap. des Romans *Gestern war Heute* (Düsseldorf 1978), in dem die Journalistin Gabriele einen Untersuchungshäftling im Gefängnis Berlin-Moabit besucht. In die Beschreibung des Häftlings sind auffallend Züge von Heinrich Jansen eingearbeitet: blond, halblange Haare, roter Pullover, helle Augen; vgl. S. 369–382, v.a. S. 372.

[8] Vom 27.–31.10.1974.

[9] Darunter Peter Brückner, Ingrid und Yaak Kasunke, Dinah Nelken, Johannes Schenk, Peter Schneider, Christian Ziewer.

[10] Ulrike Meinhofs Aufruf enthielt einen umfangreichen Forderungskatalog:

„Renten- und Sozialversicherung für Gefangene, freie Arztwahl, Streikrecht, sexuelle Kontakte ohne Überwachung, Besuche ohne Kontrollen, Aufhebung der Briefzensur, Abschaffung der Jugendstrafanstalten, Einrichtung gemischter Vollzugsanstalten"; vgl. Aust (wie Anm. 4), S. 297.

[11] Stiftung Archiv der Akademie der Künste, Berlin, Ingeborg-Drewitz-Archiv (fortan zitiert: IDA), Kasten 129; das Typoskript (Ts) umfaßt 6 Seiten, seine Abfassung wird von I.D. im Text auf „unmittelbar vor Weihnachten 1974" datiert, vgl. Ts, S. 5.

[12] Vgl. I.DA (wie Anm. 11), Ts, S. 1.

[13] Die Initiative wurde 1976 von Astrid Gehlhoff-Claes in einen gemeinnützigen Verein *Mit Worten unterwegs – Schriftsteller arbeiten mit Inhaftierten e.V* umgewandelt, der zwischen 1975 und 1981 über 140 Lesungen in den Gefängnissen Nordrhein-Westfalens organisierte – regelmäßig v.a. in den Gefängnissen von Düsseldorf, Remscheid, Rheinbach, Werl und Willich. I.D. wird 1983 pro forma Vorstandsmitglied.

[14] Eine Lesung beschreibt I.D. in ihrem Essay *Kann man das ändern?* In: die horen 105/1977, S. 105–107.

[15] I.D., Winand Buchacker: Mit Sätzen Mauern eindrücken. Briefwechsel mit einem Strafgefangenen, Düsseldorf 1979.

[16] Vgl. IDA, Korrespondenz Häftlinge, Kästen 258–266; alle Aussagen zur Häftlings-Korrespondenz beruhen auf Recherchen im IDA.

[17] U.a. bittet der *horen*-Redakteur Johann P. Tammen in seinem Brief v. 14.12.1979 mit Verweis auf ihre zahlreichen Kontakte zu inhaftierten Frauen I.D. um die Vermittlung von Texten aus dem Frauenknast; vgl. IDA, Korrespondenz *horen*.

[18] Während Mahler und Bäcker bereits seit der militärischen Ausbildung in Jordanien zur Baader-Ensslin-Meinhof-Gruppe gehörten, wird Hanna Elise Krabbe zur 2. Generation der RAF gezählt. Sie war u.a. am Sturm des *Kommando Holger Meins* auf die Deutsche Botschaft in Stockholm am 25.4.1975 beteiligt, bei dem zwei Botschaftsmitglieder getötet wurden; danach wurde sie in Köln-Ossendorf inhaftiert, wo schon Astrid Proll und Ulrike Meinhof einsaßen; vgl. Aust (wie Anm. 4), S. 329 ff.

[19] I.D., Buchacker (wie Anm. 15), S. 18.

[20] die horen 105/1977. Vgl. zur Auseinandersetzung um die Konzeption des Heftes Drewitz' Korrespondenz mit der *horen*-Redaktion. In: IDA, Korrespondenz *horen*.

[21] Hans-Jürgen Eberle: Resozialisierung – für wen?. In: die horen 105/1977, S. 9–19; Helmut Ortner, Reinhard Wetter: Die bestrafte Familie. Auswirkungen der Haft auf die Angehörigen von Gefangenen, S. 21–26; Klaus Antes: „So wächst die Mauer zwischen Mensch und Mensch". Strafvollzug heute – Rachedurst ungestillt, S. 35–40.

[22] U.a. eine Rezension des seinerzeit stark umstrittenen Buches *Der Staat – Idee und Wirklichkeit* von dem damaligen niedersächsischen Ministerpräsidenten Dr. Ernst Albrecht, das eine hitzige Debatte um die Legitimität von Folter in bestimmten Grenzfällen auslöste (vgl. ebenda, S. 121–124).

[23] Vgl. ebenda, S. 105–107.

[24] Das am 16.3.1976 erlassene *Strafvollzugsgesetz* (StVollzG), genauer das: *Gesetz über den Vollzug der Freiheitsstrafe und der freiheitsentziehenden Maßregeln der Besserung und Sicherung*; §2 StVollzG benennt als Aufgabe des Vollzugs: „Im Vollzug der Freiheitsstrafe soll der Gefangene fähig werden, künftig in sozialer Verantwortung ein Leben ohne Straftaten zu führen (Vollzugsziel)."; in §3 Abs. 3 StVollzG heißt es: „Der Vollzug ist darauf auszurichten, dass er dem Gefangenen hilft, sich in das Leben in Freiheit einzugliedern."

[25] die horen 105/1977, S. 107.

[26] Ebenda.

[27] Ebenda, S. 106.

[28] Vgl. den Brief von J.P. Tammen an I.D. v. 2.12.1979, darin er sein Vorhaben, eine Gefängnis-Anthologie als Eröffnungsband der *horen*-editionsreihe herausgeben zu wollen, ihr gegenüber damit begründet, dass ihm bereits 500 Nachbestellungen für die vergriffene *horen*-Ausgabe 105 vorliegen; vgl. IDA, Korrespondenz *horen*.

[29] I.D., J.P. Tammen (Hrsg.): So wächst die Mauer zwischen Mensch und Mensch. Stimmen aus dem Knast und zum Strafvollzug, Wilhelmshaven 1980.

[30] Im Brief v. 14.12.1979 bittet Tammen I.D., sich beim PEN für eine Unterstützung des Anthologie-Vorhabens einzusetzen; vgl. IDA, Korresponenz *horen*.

[31] I.D. (Hrsg.): Schatten im Kalk. Lyrik und Prosa aus dem Knast, Stuttgart 1979.

[32] So bei den von Karlheinz Barwasser herausgegebenen Anthologien: Schrei deine Worte nicht in den Wind. Verständigungstexte von Inhaftierten, Tübingen 1982; Mauern halten uns nicht auf, Hannover 1985; A. Gehlhoff-Claes (Hrsg.): Bis die Tür aufbricht. Mit Worten unterwegs. Literatur hinter Gittern, Düsseldorf 1982.

[33] Besonders in dem Artikel *Strafvollzug in der Bundesrepublik, einige Anmerkungen* setzt I.D. sich ausführlich mit der Praxis des bundesdeutschen Strafvollzugs, dem Resozialisierungsproblem, der fehlenden Effektivität des Systems sowie der Ungleichbehandlung der ‚politischen' Straftäter auseinander und unterbreitet Reformvorschläge; in: H.P. Bleuel (Hrsg.): Plädoyer für die Republik zum 50. Jahrestag der ‚Machtergreifung'. SH, München 1983, S. 66; Wider die Unausrottbarkeit der Folter, in: dies.: Kurz vor 1984, Stuttgart 1981, S. 139–145; zur Frage des Terrorismus und den staatlichen Gegenmaßnahmen äußert sie sich in dem unveröffentlichten Essay *Die Gretchenfrage*, vgl. IDA, Sign. 1/59/136, und in der Rede *Es ist sehr leicht, NEIN zum Terrorismus* zu sagen, in: dies.: Kurz vor 1984, Stuttgart 1981, S. 116–118.

[34] U.a. zu Peter-Paul Zahl: Schutzimpfung. Gedichte, in: Der Tagesspiegel v. 13.7.1975; zu ders: Die Glücklichen, Schelmenroman, in: Der Tagesspiegel v. 2.3.1980, S. 63; unveröff. im Archiv: zu Frank M. Vollmer: Gefangenen-Zeitschriften, eine Analyse ihrer Funktionen, Bochum 1980; zu Sigrid Weigel: ‚Und selbst im Kerker frei...!' Schreiben im Gefängnis, Marburg 1982; vgl. IDA, Kasten 111, Buchrezensionen.

[35] Die auch mit Rakow brieflich in Kontakt stand; vgl. IDA, Korrespondenz Häftlinge, Kasten 264.

[36] Das Typoskript ist einsehbar im IDA, Sign. 1/59/707; in der Abteilung Archiv und Dokumentation des DeutschlandRadios Berlin kann man sich die Hörspiel-Dokumentation anhören (Bestellnr. 496–643).

[37] Zwei Briefe von Horst Rakow, die er kurz vor seinem Selbstmord an das Ehepaar Schliep gerichtet hatte, sowie die Todesanzeige waren parallel in der Ausgabe 105 *der horen* (wie Anm. 25, S. 49–52) aufgenommen worden; vgl. auch die Dokumentation zum Fall Rakow in: Bittner (wie Anm. 2), S. 236–244.

[38] Mit 1300 Teilnehmern; u.a. fand auch eine Diskussion zwischen dem Rechtsanwalt Otto Schily und dem Berliner Justizsenator Baumann statt.

[39] Vgl. den Abdruck in der Ausgabe 105 der *horen* (wie Anm. 25).

[40] Vgl. Anm. 7.

[41] Vgl. *Vorwort* zur Publikation der prämierten Texte; in: Bundeszusammenschluss für Straffälligenhilfe (Hrsg.): Rückkehr in die Freiheit. Ängste und Hoffnungen. Gefangene schreiben, mit einem Nachw. v. I.D., Bad Godesberg 1981, S. 5; weitere Mitglieder der Jury waren Dieter Lattmann, Klaus Bernarding, Erick Kock und Josef Reding.

[42] Die die Arbeit des Vereins *Mit Worten unterwegs* aufnahm und innerhalb des Gefängnisses fortsetzte.

[43] Neben Prof. D. Helmut Gollwitzer, Prof. Wolf-Dieter Narr, Martin Niemöller und Prof. Uwe Wesel; die Mitglieder des Beirats waren gleichberechtigt mit den Mitgliedern der internationalen Jury, einem von der Russell-Foundation eingesetzten Gremium; lediglich in der Schlussbeurteilung der Ergebnisse besaßen sie kein Stimmrecht.

[44] Vgl. die Protokollbände: Deutscher Beirat und Sekretariat des 3. Internationalen Russell-Tribunals (Hrsg.): 3. Internationales Russell-Tribunal. Zur Situation der Menschenrechte in der Bundesrepublik Deutschland, Bde. 1–4, Berlin 1978–1979.

[45] So Vladimir Deddijer, der Präsident des 3. Internationalen Russell-Tribunals, in seiner *Einleitenden Erklärung zur Eröffnung*, vgl. ebenda, Bd. 1, S. 10.

[46] Aus der „Überzeugung, dass das Urteil zu 15 Jahren Haft ein politischen Gesinnungsurteil sei"; vgl. die horen 106/1977, S. 122; vgl. auch die Dokumentation *Das Beispiel Peter-Paul Zahl. Biographisches und Gedichte* in der *horen*-Ausgabe 105 (wie Anm. 25), S. 63–71.

[47] Die Tagungsbeiträge sind mehrfach dokumentiert: vgl. VS Informationen 3/1979, S. 10–16; B. Engelmann (Hrsg.): VS vertraulich, Bd. 4, München 1980, S. 11–94.

[48] Vgl. VS Informationen 1/1979, S. 7, 19; Feraru bittet in seinem Brief v. 11.4.1984 I.D. um Vermittlung im Streit um seine Mitgliedschaft im VS; vgl. IDA, Korrespondenz Häftlinge, Kasten 259.

[49] Vgl. die ‚Verteidigungsschrift‘ Peter Ferarus *Was Schreiben im Knast bedeutet*. In: VS Informationen 1/1979, S. 19 ff. und in: Engelmann (wie Anm.47), S. 82–93.

[50] Vgl. Drewitz' Essay *Engagiert leben*: „Denn ich weiß, dass mein Leben als Autorin Luxus ist [..], weil es mir erlaubt, den eigenen Gesetzen nachzuhorchen, [...]. Weil ich mir eine Freiheit habe schaffen können, die mir Verantwortung auferlegt.". In: I.D. (wie Anm. 15), S. 195–199, hier S. 198.

[51] I.D., Tammen: Worte brauchen keinen Passierschein. In: Dies. (wie Anm.46), S. 9 f.

[52] I.D.: Zur Einführung. In: I.D. (wie Anm. 50), S. 9.

[53] I.D.: Im Gefängnis schreiben. In: Bittner (wie Anm 2), S. 234.

[54] I.D.: Zur Einführung. In: Dies. (wie Anm. 50), S. 10.

[55] I.D.: Im Gefängnis schreiben. In: Bittner (wie Anm. 2), S. 234.

[56] In ihrem Nachwort zur Anthologie *Rückkehr in die Freiheit* (wie Anm. 31), S. 179.

[57] In: I.D. (wie Anm. 50), S. 97 f.

[58] Ebenda, S. 95.

[59] I.D.: Im Gefängnis schreiben. In: Bittner (wie Anm. 2), S. 233.

[60] I.D., Buchacker (wie Anm. 15), S. 6 f.

[61] I.D.: Im Gefängnis schreiben. In: Bittner (wie Anm. 2), S. 233.

[62] Ebenda, S. 234.

[63] Zur Einführung. In: I.D. (wie Anm. 50), S. 9.

[64] Was stark an den klassisch-weiblichen Helfer-Habitus erinnert.

[65] Wie z.B. Martin Walser oder Peter Schneider.

[66] Luise Rinser setzte sich auf Grund ihrer eigenen Haft-Erfahrung von 1944–1945 wegen *Wehrkraftzersetzung* – über die sie in ihrem *Gefängnistagebuch* von 1946 berichtet – v.a. für die zumeist unterrepräsentierte Gruppe inhaftierter Frauen ein und gab 1987 eine Anthologie mit Texten von weiblichen Gefangenen heraus: Lasst mich leben. Frauen im Knast, Hagen 1987.

[67] Rosemarie Bronikowski engagiert sich seit den 70er Jahren im Strafvollzug in Freiburg i. Br. und wurde dafür 2003 mit dem Bundesverdienstkreuz ausgezeichnet. Über ihre Erfahrungen berichtet sie in: Ein Strafgefangener und eine bürgerliche Familie – Auseinandersetzung mit Ernst S. Steffen, Rastatt 1974; Irgendwann wird man mich zu Ende denken. Begegnungen mit Strafgefangenen, Berlin 2003.

[68] Leonie Ossowski kam durch eine Recherche für ein Tatort-Drehbuch 1969 in Kontakt mit dem Gefängnis und wurde ehrenamtliche Bewährungshelferin in Mannheim; ihre Gefängniserfahrungen protokollierte sie in Berichten, Erzählungen, einem Theaterstück und in dem Jugendbuch *Die große Flatter* von 1977.

[69] Die in Murnau lebende Schwedin Birgitta Wolf unterstützt Gefangene bereits seit 1936 mit Besuchen, Briefen, materieller Hilfe und juristischer Beratung. Seit 1969 mittels des gemeinnützigen Vereins *Nothilfe Birgitta Wolf e.V.*; ihre 75.000 Briefe umfassende Korrespondenz mit Gefangenen und Entlassenen werden derzeit vom Hamburger Institut für Sozialforschung archiviert. Für ihr Engagement wurde sie wie I.D. mit dem Bundesverdienstkreuz ausgezeichnet.

[70] Mit diesen Sätzen porträtiert I.D. ihr geliebtes „anderes Ich" Bettine von Arnim in ihrem 1985 an Bettine gerichteten *Brief*; in: U. Schweikert (Hrsg.): Ingeborg Drewitz – ‚Die ganze Welt umwenden'. Ein engagiertes Leben, Düsseldorf 1987, S. 80.